Für meine geliebten Eltern

Petra Nitschke

Trainings planen und gestalten

- Professionelle Konzepte entwickeln
- Inhalte kreativ visualisieren
- Lernziele wirksam umsetzen

managerSeminare Verlags GmbH, Edition Training aktuell

Petra Nitschke
Trainings planen und gestalten
Professionelle Konzepte entwickeln, Inhalte kreativ
visualisieren, Lernziele wirksam umsetzen

© 2011 managerSeminare Verlags GmbH
4. Auflage 2016
Endenicher Str. 41, D-53115 Bonn
Tel.: 0228 – 977 91-0, Fax: 0228 – 61 61 64
info@managerseminare.de
www.managerseminare.de

Alle Rechte, insbesondere das Recht der Vervielfältigung und der
Verbreitung sowie der Übersetzung vorbehalten.

Printed in Germany

ISBN: 978-3-941965-16-4

Herausgeber der Edition Training aktuell:
Ralf Muskatewitz, Jürgen Graf, Nicole Bußmann

Lektorat: Jürgen Graf
Layout und Illustration: Petra Nitschke
Druck: Kösel GmbH und Co. KG, Krugzell

Inhalt

Einleitung 10

Zielsetzung 17

Grundstein legen 18
Seminarrahmen festlegen 20
Trainerprofil schärfen 24
Lernziele definieren 31
    Lernzielarten 32
    Schwierigkeitsgrad 33
    Konkretisierungsgrad 38
    Lernzielformulierung 39
Schritt in die Planungsphase 42

Ein solides Fundament für die anschließende Planungsphase schaffen.

Planung 44

Trilogie des Planens 44

1. Akt: Vom Thema zum Inhalt 46
Datenmaterial sammeln 48
    Ideen produzieren 49
    EXKURS Die Mind-Map-Methode 50
    Datenmaterial recherchieren 56
    Datenmaterial bearbeiten 58
    Systematische Datenablage 60
    EXKURS Der Mind-Map-Explorer 61
Lernmodule bilden 64
    Lerneinheiten festlegen 65
    Bausteine einer Modulbeschreibung 66
    Die Agenda 68

Ein tiefes, fundiertes und aktuelles Wissen rund um das Themengebiet aufbauen und daraus passende Lerninhalte generieren.

Inhalt

Seminar ankündigen 70
    Bausteine einer Seminarbeschreibung 71
In die nächste Planungsphase 74

Lerninhalte verständlich und einprägsam vermitteln und das Seminar spannend gestalten.

2. Akt: Vom Inhalt zum Regiebuch 78
Didaktische Reduktion 80
    Verständlichkeitskriterien 81
Der Methodenkoffer 82
    Lernen mit allen Sinnen 83
    Erfahrungsorientiertes Lernen 84
    Auswahl an Methoden und Techniken 88
    Wahl der Sozialform 90
    Medienwahl 91
    Methodenmix im Lernmodul 92
    Bausteine einer Methodenbeschreibung..................... 93
Das Regiebuch.. 96
    Der Regiebogen 97
In die nächste Planungsphase 100

Zu Lerninhalten und Seminarabläufen Bilder erzeugen und diese in einem harmonischen Verhältnis zum Text positionieren.

3. Akt: Vom Regiebuch zum Storyboard 103
Visuelle Planung 106
    Scribbeln und Skizzieren 107
    Vom Text zum Bild..108
Layout-Entwicklung 109
    Layout-Elemente 110
    Komposition der Layout-Elemente 111
Layout-Formate 112
    Dokumente..113
    Präsentationsfolien...114
    Charts und Plakate 115
    EXKURS Kleine Sammlung von Chart-Entwürfen............116

Storyboard-Entwicklung 118
    Folien-Storyboards 119
    Chart-Storyboards 122
Schritt in die Gestaltungsphase 124

Gestaltung 127

Bilder & Charts gestalten 128
Bildsprache entwickeln 130
    Text und Headlines 131
    Grundformen 132
    Textboxen 133
    Bilder und Symbole 135
    Figuren 137
    EXKURS Kleines Bildvokabelheft für Trainer 138
    Wortschatz systematisch aufbauen 146
Basistechniken 147
    Schriftbild 148
    Strichführung 152
    Dynamik 153
    Schattierung 154
    Kleine Farblehre 156
    Wirkung von Farben 157
Von der Skizze zur Zeichnung 158
    Grundausrüstung 159
    EXKURS Grundausrüstung 160
    Wie ein Chart entsteht 164
    Wie ein Plakat entsteht 166
Schritt in die Mediengestaltung 168

Ein umfangreiches Bildvokabular aufbauen, Techniken der Visualisierung anwenden und professionelle Charts gestalten.

Inhalt

Professionelle Unterlagen erstellen und für sich ein durchgängiges Corporate Design entwickeln.

Mediengestaltung	172
Layout-Elemente	174
Konstruktion des Satzspiegels	175
Komposition der Layout-Elemente	176
Textelemente	178
Bildelemente	186
Farbmanagement	189
Layout-Entwicklung	193
Layout-Entwicklung von Dokumenten	194
Layout-Entwicklung von Folien	196
POWERPOINT-PRÄSENTATION Leitfaden	198
Corporate Design Manual	214
EXKURS Corporate Design Manual des Buches	215
Schritt in die Trainingsgestaltung	220

Mit gutem Zeit- und Organisationsmanagement die Zeit vor, während und nach dem Training gestalten.

Trainingsgestaltung	224
Vor dem Training	226
Seminarorganisation	227
Erwartungsfragebogen & Konzeptabstimmung	232
Raumgestaltung	236
Einstieg	238
Begrüßung & Organisatorisches	239
Kennenlernen & Erwartungsabfrage	240
Inhaltlicher Rahmen & Themenspeicher	241
Ziele, Inhalte & Ablauf	242
Spielregeln	243
Im Training	244
Wissen vermitteln	245
Gruppen arbeitsfähig machen	246
Raum für Reflexion geben	248
Hinter den Kulissen	252

Ausstieg 253
    Reflexion & Umsetzung 254
    EXKURS Reflexion mit einer Schatzkarte 255
    Feedback & Verabschiedung 257
Nach dem Training 260
    Lerntransfer sichern 261
Schritt in die Auswertung 264

Auswertung 267

Auswertung im Überblick 268
Datenmaterial sichten & verdichten 270
Selbstreflexion 272
Konzeptanpassung 274
    Bausteine der Konzeptanpassung 276
Der Kreis schließt sich 278

Literatur 280
Handoutverzeichnis 282
Stichwortverzeichnis 284

Aus dem vorhandenen Datenmaterial Rückschlüsse über den Erfolg des Trainings ziehen und Zielanpassungen vornehmen, um das Konzept zu verbessern und das Trainerprofil weiterzuentwickeln.

EINLEITUNG

Entwickeln Sie systematisch ein klar strukturiertes Trainingskonzept.

Ich lade Sie ein zu einer Entdeckungsreise: Die Reiseroute führt durch einen vierstufigen Trainingszyklus: Von der Zielsetzung über die Planung und Gestaltung bis zur Auswertung von Trainings werden Sie Schritt für Schritt bei der Entwicklung Ihres Trainingskonzepts begleitet.

Sie sind auf Ihrer Reise ausgestattet mit einem Kompass – einem vierfarbigen Kreisring, der Sie stets durch den Trainingszyklus navigiert und angibt, wo Sie sich gerade befinden. Außerdem sind Sie ausgestattet mit reichlich Reiseproviant in Form von Dokumenten und Bildmaterial, welches Sie bei der Entwicklung Ihres Trainingskonzepts einsetzen können.

über 30 verschiedene Handouts

Tauchen Sie ein in die Welt des visuellen Planens. Sie beginnen quasi auf einer grünen Wiese, auf der Sie mit ersten Bausteinen einen soliden Grundstein für Ihr Trainingskonzept errichten. Dann geht die Reise los: Auf jeder Etappe Ihrer Reise wird Ihr Handwerkskoffer mit Methoden des Planens und Gestaltens von Trainings gefüllt und mit zahlreichen Beispielen belegt. Dabei können Sie sich auf Ihrem Weg stets an einem Fallbeispiel orientieren: Schritt für Schritt wird ein Trainingskonzept zum Thema „Werteorientierte Kommunikation" entwickelt und in Handouts ausführlich dokumentiert.

Auf diese Weise durchschreiten Sie den vierstufigen Trainingszyklus, der dort endet, wo alles beginnt: Am Ende der Reise stehen Sie mit neu gewonnenen Erfahrungen, Erkenntnissen und Zielen nun vor einem prächtigen Bauwerk – voller Inspiration und Tatendrang für eine neue spannende Entwicklungstour durch die Welt des visuellen Planens …

Gehen Sie nun auf Entdeckungstour und sehen Sie, was sich hinter den einzelnen Stationen des Trainingszyklus verbirgt!

Viel Spaß dabei wünscht Ihnen

Petra Nitschke

Einleitung

NAVIGATION

Die Navigation durch den Trainingszyklus erfolgt über einen vierfarbigen Kreisring.

Die Reiseroute führt Sie durch einen vierstufigen Trainingszyklus – ein Kreisprozess, der mehrfach durchlaufen wird und dadurch eine stetige Verbesserung des Trainingskonzeptes und die Weiterentwicklung Ihres Trainerprofils ermöglicht:

Im Kreissegment **Zielsetzung** schaffen Sie drei wichtige Voraussetzungen für die erfolgreiche Planung: Seminarrahmen festlegen, Trainerprofil schärfen und Lernziele definieren.

Die **Planung** ist eine Dramaturgie in drei Akten: Vom Thema zum Inhalt, vom Inhalt zum Regiebuch und vom Regiebuch zum Storyboard. Hier erfahren Sie, wie aus komplexen und trockenen Lerninhalten eine bilderreiche, packende Story wird.

Im Segment **Gestaltung** erfahren Sie, wie Sie Dokumente professionell erstellen und mit ansprechenden Charts Ihre Teilnehmer visuell begeistern. Gestalten Sie Lernräume, in denen Lernen Spaß macht!

Im Segment **Auswertung** werden alle Daten über das Training ausgewertet und aufbereitet, sodass sie zum Eintritt in den nächsten Trainingszyklus für Anpassungen im Konzept optimal zur Verfügung stehen.

Jedem Segment ist eine eigene Farbe zugeordnet, was Ihnen die Standortbestimmung bei der Navigation und der eigenen Konzepterstellung erleichtern wird.

Gehen wir nun ins Detail ...

© managerSeminare

ZIELSETZUNG

Drei wichtige Voraussetzungen für die erfolgreiche Planung: Seminarrahmen festlegen, Trainerprofil schärfen und Lernziele definieren.

Zielsetzung

- Seminarrahmen festlegen
- Trainerprofil schärfen
- Lernziele definieren

Seminarrahmen festlegen

Im Trainingsrahmen werden alle Daten gesammelt, die für eine weitere Planung notwendig sind: Die Zielgruppe wird festgelegt, Nutzen und Erwartungen der verschiedenen Interessengruppen hinterfragt sowie Zeitrahmen und Raumvoraussetzungen geklärt.

Trainerprofil schärfen

Es folgt eine Standortbestimmung des Trainers: Das Anforderungsprofil kennen, die eigenen Fähigkeiten einschätzen, die persönlichen Stärken und Schwächen identifizieren.

Lernziele definieren

Lernziele sind die Wegbegleiter im gesamten Trainingsprozess: Sie dienen in der Planungsphase als Strukturierungshilfe, während der Veranstaltung als Orientierungshilfe und nach der Veranstaltung zur Ergebnissicherung und Neuorientierung. Die zentrale Frage dabei lautet: *Was sollen die Teilnehmer am Ende der Veranstaltung gelernt haben?*

Einleitung

PLANUNG

Die Trilogie des Planens – eine Dramaturgie in drei Akten. Wie aus komplexen und trockenen Lerninhalten eine bilderreiche, packende Story wird.

Vom Thema zum Inhalt ...
Die Rahmenbedingungen und Ziele stehen fest. *Wo finde ich die passenden Lerninhalte? Wie kann ich Inhalte systematisch strukturieren und verwalten?* Ziel ist es, ein tiefes, fundiertes und aktuelles Wissen rund um das Themengebiet aufzubauen und daraus passende Lerninhalte zu generieren.

... vom Inhalt zum Regiebuch ...
Wie kann ich mein Seminar lebendig und spannend gestalten? Welche Methoden eignen sich am besten für die Vermittlung des Lernstoffs? Ziel ist, Lerninhalte verständlich und einprägsam zu vermitteln. Wie ein Drehbuchautor gestalten Sie bei der Planung des Seminarablaufs einen Spannungsbogen zwischen Aufnehmen und Verarbeiten von Lerninhalten.

... vom Regiebuch zum Storyboard.
Wie komme ich vom Text zum Bild? Im Fokus steht die visuelle Planung: die Planung mit Papier und Bleistift. Hier skizzieren und skribbeln Sie nach dem Motto: *Ein Bild sagt mehr als 1000 Worte.* Zu den Lerninhalten werden Bilder erzeugt, Layouts in Text-Bild-Dramaturgie entwickelt und Trainingsabläufe mit der Storyboard-Methode geplant.

Inhalt

Vom Thema zum Inhalt ...
- Datenmaterial sammeln
- Lernmodule bilden
- Seminar ankündigen

Regie

... vom Inhalt zum Regiebuch ...
- Didaktische Reduktion
- Der Methodenkoffer
- Das Regiebuch

Storyboard

... vom Regiebuch zum Storyboard
- Visuelle Planung
- Layout-Entwicklung
- Storyboard-Entwicklung

Einleitung

GESTALTUNG

Erfahren Sie, wie Sie Dokumente professionell erstellen und mit ansprechenden Charts Ihre Teilnehmer visuell begeistern. Gestalten Sie Lernräume, in denen Lernen Spaß macht!

Charts

Bilder- und Chartgestaltung

- Bildsprache entwickeln
- Basistechniken
- Von der Skizze zur Reinzeichnung

Gestaltung von Bildern und Charts
In diesem Abschnitt erhalten Sie das notwendige Handwerkszeug für eine professionelle Gestaltung von Bildern und Charts. Sie erfahren, wie sich die Bildsprache aufbaut und erlernen die wesentlichen Techniken, damit Ihr Schriftbild und Ihre Bilder ansprechend, sicher und professionell wirken.

Medien

Mediengestaltung

- Layout-Elemente
- Layout-Entwicklung
- Corporate Design Manual

Mediengestaltung
In diesem Abschnitt erweitern Sie Ihre gestalterische Kompetenz im Bereich Mediendesign und erhalten das notwendige Handwerkszeug (Entwurfssystematik und Grundlagenwissen) für die professionelle Gestaltung von Dokumenten und Präsentationsfolien.

Training

Trainingsgestaltung

- Vor und nach dem Training
- Einstieg ins Training
- Im Training
- Ausstieg aus dem Training

Trainingsgestaltung
In diesem Abschnitt gestalten Sie Lernräume: *Wie bereite ich einen Raum vor, damit er ein angenehmes Arbeitsklima zulässt? Wie gestalte ich einen gelungenen Einstieg und Ausstieg aus dem Training? Wie gestalte ich einen optimalen Lerntransfer? Wie dokumentiere ich am besten den Trainingsprozess?*

Einleitung

AUSWERTUNG

Alle Daten über das Training werden ausgewertet und aufbereitet, sodass sie zum Eintritt in den nächsten Trainingszyklus für Anpassungen im Konzept optimal zur Verfügung stehen.

Datenmaterial auswerten
Trainingsdaten sind alle Daten, die Sie als Trainer während des Trainings über den Ablauf, über Dynamik und Verhalten, Äußerungen und Bewertungen der Teilnehmer erfasst haben. Diese Daten gilt es nun zu sichten, zu verdichten und auszuwerten.

Selbstreflexion
Sie reflektieren Ihr Verhalten, Ihre Gedanken, Ihre Gefühle, die Sie im Training wahrgenommen und in Ihrem Trainerlogbuch erfasst haben. Mit diesen Informationen können Sie Ihr Trainerprofil aktuell überprüfen und sich neue Ziele setzen, um Ihre Kompetenzen zu verbessern.

IST-SOLL-Vergleich
Vergleichen Sie, mit welchen Zielen Sie in das Training gegangen sind und mit welchen Ergebnissen Sie aus den Auswertungen gehen. Sie haben somit die Möglichkeit, konkrete Anpassungen in der nächsten Zielsetzung vorzunehmen – sowohl für die Entwicklung des Trainerprofils als auch für den Ablauf der Trainings.

Auswertung

- Datenmaterial auswerten
- Selbstreflexion
- IST-SOLL-Vergleich

© managerSeminare

Zielsetzung

ZIELSETZUNG

Grundstein legen   **18**

Seminarrahmen festlegen   **20**

Trainerprofil schärfen   **24**

Lernziele definieren   **31**
Lernzielarten
Schwierigkeitsgrad
Konkretisierungsgrad
Lernzielformulierung

Schritt in die Planungsphase   **42**

GRUNDSTEIN LEGEN

Drei wichtige Voraussetzungen für eine erfolgreiche Planung: den Seminarrahmen festlegen, das Trainerprofil schärfen und Lernziele definineren.

Bei der Erstellung eines Konzeptes ist es am Anfang ein wenig so, als befinden Sie sich auf einer grünen Wiese und wollen ein Haus darauf bauen. Sie grenzen zunächst das Grundstück ein und überlegen, welche Grundvoraussetzungen für den Hausbau gegeben sind. Um nicht willkürlich loszulegen, setzen Sie sich Ziele, an denen Sie sich bei der Planung orientieren können.

Und so, wie ein Haus ein stabiles Fundament braucht, werden im Folgenden drei wichtige Grundsteine für eine erfolgreiche Planung gelegt:

Seminarrahmen festlegen

Trainerprofil schärfen

Lernziele definieren

Im **Seminarrahmen** werden alle Daten gesammelt, die für eine weitere Planung notwendig sind: Die Zielgruppe wird festgelegt, Nutzen und Erwartungen der verschiedenen Interessengruppen werden hinterfragt sowie ein Zeitrahmen festgelegt und Raumvoraussetzungen geklärt.

Im Abschnitt **Trainerprofil** setzen Sie sich mit Ihrem Selbstverständnis in der Rolle als Trainer auseinander. Dazu gehören Kenntnisse über die erforderlichen Kompetenzen und das Wissen darüber, wo Ihre persönlichen Stärken und Defizite liegen.

Lernziele sind die Wegbegleiter im gesamten Trainingsprozess: Sie dienen in der Planungsphase als Strukturierungshilfe, während der Veranstaltung als Orientierungshilfe und nach der Veranstaltung zur Ergebnissicherung und Neuorientierung. Ziel ist es, diese beiden grundlegenden Fragen zu klären: *Was sollen die Teilnehmer am Ende der Veranstaltung gelernt*

Grundstein legen

haben? Aber auch: Was möchte ich als Trainer durch die Veranstaltung dazulernen, wie kann ich mich selbst durch diese Veranstaltung weiterentwickeln?

Hier nun die Reiseroute durch das Kapitel „Zielsetzung":

 Seminarrahmen festlegen
Ziel ist, alle Daten zu sammeln, die für eine weitere Planung notwendig sind.

- Zielgruppe (Wer?)
- Erwartungen (Warum?)
- Zeiten (Wann?)
- Raum und Ort (Wo?)

Ziel in diesem Kapitel ist es, ein solides Fundament für die anschließende Planungsphase zu schaffen.

 Trainerprofil schärfen
Ziel ist, die eigenen Fähigkeiten einzuschätzen sowie die persönlichen Stärken und Schwächen zu identifizieren.

- Fachkompetenz
- Methodenkompetenz
- Sozialkompetenz
- Selbstkompetenz

 Lernziele definieren
Ziel ist es, richtungsweisende Lernziele für die Teilnehmer und Ziele zur Entwicklung des eigenen Profils zu formulieren!

Lernzielarten	**Schwierigkeitsgrad**	**Konkretisierungsgrad**
■ kognitive Ziele (Wissen)	1	■ Richtziele
■ affektive Ziele (Wollen)	2	■ Grobziele
■ psychomotorische Ziele (Können)	3	■ Feinziele
	4	
	5	

© managerSeminare

SEMINARRAHMEN FESTLEGEN

Legen Sie einen groben Seminarrahmen fest. Er beinhaltet vier Komponenten mit Eckdaten für Ihre weitere Planung.

 Zu Beginn stellen sich Ihnen vier grundlegende Fragen: *Wer ist meine Zielgruppe? Welche Erwartungen werden an das Training geknüpft? Welchen Umfang und welchen zeitlichen Rahmen nimmt das Training ein? Mit welchen örtlichen und räumlichen Voraussetzungen habe ich es zu tun?*

Je intensiver Sie sich vor Beginn der Planung mit diesen Fragen auseinandersetzen, desto besser gelingt es Ihnen, zielgruppen- und bedarfsorientierte Trainings zu konzipieren. Der Trainingsrahmen besteht aus vier Komponenten:

Zielgruppe Erwartungen Zeiten Ort und Raum

Was verbirgt sich hinter den vier Komponenten?
Bringen Sie vorab so viel wie möglich über die **Zielgruppe** in Erfahrung, um zielgruppenorientiert arbeiten zu können. Anhand der Zielgruppe, der Gruppengröße und dem Wissen über die Lern- und Arbeitserfahrungen werden Sie später Inhalte und Methoden auswählen, die genau zur Zielgruppe passen.

Verschiedene Interessengruppen haben auch unterschiedliche **Erwartungen** an das Training: Die Erwartungen der Teilnehmer können Sie entweder vorher abfragen, hypothetisch erfassen oder aus früheren Seminaren übernehmen. Auch spielen Ihre eigenen Erwartungen eine wesentliche Rolle. Die erkenntnisleitende Frage lautet: *Was nützt mir das Seminar eigentlich?* Je detaillierter Sie sich mit den (hypothetischen) Erwartungen der Teilnehmer beschäftigen, desto besser können Sie bei der Erwartungsabfrage die Grenzen setzen.

Die dritte Komponente betrifft alle Fragestellungen rund um Ihr Zeitmanagement. Um Ihr Zeitmanagement in den Griff zu bekommen, müssen Sie alle **Zeiten** aufnehmen, die für die

Seminarrahmen festlegen

weitere Planung relevant sind. Die Daten bestimmen den Zeitpunkt der Vorbereitung. Die Daten sind die Eckpfeiler für die Agenda und den Trainingsverlauf.

Bringen Sie verschiedene Daten über **Ort und Raum** in Erfahrung. Von Raum und Ausstattung hängt Ihre Planung bezüglich der Methoden und Medien ab, die Sie dort einsetzen können. Häufig sind die Räume klein und schlecht ausgestattet. Da müssen Sie gegebenenfalls von der Grundplanung abweichen. Oberstes Ziel: die Lernumgebung so angenehm wie möglich zu gestalten.

Zielgruppe	Erwartungen
■ Unternehmen, Branche ■ Bildung, Beruf ■ Alter, Geschlecht ■ Vorkenntnisse, Erfahrung ■ Gruppengröße ■ Gruppenzusammenstellung	■ Erwartungen der Teilnehmer ■ Erwartungen des Auftraggebers ■ Erwartungen des Trainers ■ Motivation der Teilnehmer ■ Nutzen, Mehrwert
■ Seminardauer ■ Termine ■ Vorbereitungszeit ■ Schulungszeiten ■ Nachbereitungszeit	■ Inhouse oder Hotel? ■ Veranstaltungsort ■ Raumgröße ■ Raumausstattung ■ Materialien
Zeiten	**Ort und Raum**

Seminarrahmen im Überblick

Wie gehen Sie vor?
Auf der nächsten Seite befindet sich ein Fragenkatalog mit Fragen zu den vier Bereichen, die einen Trainingsrahmen festlegen. Entlang dieser Leitfragen können Sie die Daten zu Ihrer Veranstaltung festhalten. Diese sind die Grundlage für die weitere Ablaufplanung und Organisation Ihres Trainings.

Leitfragen zum Seminarrahmen

Fragen zur Zielgruppe

- Wer sind meine Teilnehmer? (Alter, Geschlecht, Bildung, Beruf, Funktion im Unternehmen)
- Wie ist die Lerngruppe zusammengestellt? (homogen oder heterogen, Team oder Einzelne)
- Kennen sich die Teilnehmer untereinander? Gibt es hierarchische Abhängigkeiten?
- Muss ich mit Spannungen oder Konflikten unter den Teilnehmern rechnen?
- Was muss ich über die Organisation wissen? Welche Lernkultur herrscht vor?
- Warum sollen die Teilnehmer etwas über das Thema lernen? Nehmen sie freiwillig teil?
- Welche Vorkenntnisse und Erfahrungen haben die Teilnehmer zum Thema?
- Wie groß darf die Teilnehmerzahl sein?

Fragen zu Zeiten

- Wie viel Vorbereitungs- und Nachbereitungszeit brauche ich für die Veranstaltung?
- Welchen zeitlichen Umfang soll das Seminar haben?
- Welche Termine stehen zur Verfügung?
- Um wie viel Uhr beginnt und wann endet die Veranstaltung?
- Wie viel Zeit brauche ich für die Raumvorbereitung? Wann habe ich Zutritt zum Raum?

Fragen zu Erwartungen

- Welche Erwartungen und Ziele haben die Teilnehmer?
- Wie weit gehen diese Erwartungen auseinander?
- Welchen Nutzen/Mehrwert versprechen sich die Teilnehmer?
- Welche Erwartungen und Ziele haben Auftraggeber bzw. Vorgesetzte?
- Welche themennahen Trainings werden im Unternehmen angeboten?
- Woran soll erkannt werden, ob die Veranstaltung erfolgreich war?
- Welche Erwartungen und Ziele stelle ich an mich? Was will ich lernen?
- Welche Erwartungen können im Training erfüllt werden und welche nicht?

Fragen zu Ort und Raum

- Findet das Training im Unternehmen oder im Hotel statt?
- Wie ist die Lage des Hotels? (gute Erreichbarkeit mit PKW/Bahn/öffentlichen Verkehrsmitteln, zentral, an der Hauptstraße, im Grünen, Parkplätze)
- Wie groß ist der Raum? Gibt es weitere Räume für Gruppenarbeit?
- Wie hell ist der Raum? Wie gut ist er belüftet? Gibt es eine Klimaanlage?
- Wie ist die Ausstattung des Raums? (Stühle, Tische)
- Welche Medien sind vorhanden? (Beamer, Overhead, Pinnwand, Flip, Leinwand, Videorekorder)
- Welche Versorgungsmöglichkeiten gibt es? (Catering)
- Welche Materialien werden benötigt? (Moderationskoffer, Papier)
- Wer ist mein Ansprechpartner für den Raum?

Handout Seminarrahmen

Sammeln Sie in diesem Arbeitsbogen mit Hilfe der Leitfragen auf Seite 22 alle Daten, die für die weitere Planung relevant sind.

Seminarrahmen

Veranstaltung
- Titel: Werteorientierte Kommunikation
- Auftraggeber: Abcdef GmbH
- Datum: Anfrage am 07. Januar 2011

ZIELGRUPPE
- Gruppengröße 6 – 12 Personen
- alle Mitarbeiter, die ihre Kommunikation in Beruf und Alltag verbessern wollen
- keine Vorkenntnisse erforderlich
- freiwillige Teilnahme erforderlich
- keine hierarchische Abhängigkeit zwischen einzelnen Teilnehmern

ERWARTUNGEN
Erwartungen der Teilnehmer könnten sein: besser kommunizieren können, besser mit Konflikten umgehen können, Kommunikationsmodelle kennenlernen, selbstsicherer sein, sich besser ausdrücken können, Gespräche zielorientiert führen können, ...

ZEITEN
- 2 Tage
- Beginn 1. Tag um 10 Uhr (Anreise Vortag)
- Ende 2. Tag um 17 Uhr
- in den Raum: am Vortag ab 19h
- Vorbereitungszeit: ca. zwei Wochen
- mögliche Termine: 17./18. März oder 24./25. Juli 2011

ORT UND RAUM
- Ansprechpartnerin: Frau Muster (Tel. 0314-159265)
- Hardegsen (120 km – Anreise mit dem Auto!)
- Raum hat ca. 80 qm
- Stuhlkreis und Arbeitstische
- optimal: zwei weitere Gruppenräume
- Drei Pinnwände und zwei Flipcharts
- Moderationskoffer: bringe ich selbst mit

Zielsetzung >> Seminarrahmen

Handout Seminarrahmen

Zielsetzung

TRAINERPROFIL SCHÄRFEN

Es ist sinnvoll, sich mit dem eigenen Selbstverständnis in der Rolle als Trainer auseinanderzusetzen. Dazu gehören Kenntnisse über die erforderlichen Kompetenzen und das Wissen darüber, wo persönliche Stärken und Defizite liegen.

Warum Profilentwicklung?
Trainings erfüllen nicht nur den Zweck, den Teilnehmern Wissen zu vermitteln. Sie ermöglichen auch dem Trainer, sich mit jeder durchgeführten Veranstaltung selbst weiterzuentwickeln. Eine zentrale Frage kann also vor einer anstehenden Veranstaltung sein:

Welche Fähigkeiten und Fertigkeiten erfordert meine Trainerrolle? Wo liegen meine Stärken? Welche Fähigkeiten habe ich bislang noch nicht stark genug entwickelt? Was möchte ich als Trainer in dieser Veranstaltung dazulernen? Deshalb ist es sinnvoll, vor Beginn der Planung eine Standortbestimmung hinsichtlich der eigenen Trainerkompetenzen durchzuführen.

Das Trainerprofil umfasst die vier Kompetenzfelder, die später näher erläutert werden:

Fachkompetenz   Methodenkompetenz   Sozialkompetenz   Selbstkompetenz

Profilentwicklung
Seite 26 – 29
Seite 30
Seite 41

Wie gehen Sie bei der Profilentwicklung vor?
Beim Eintritt in den Trainingszyklus stehen Ihnen zur Standortbestimmung, Selbsteinschätzung und Zielsetzung zwei Werkzeuge zur Verfügung: ein Fragebogen „Trainerprofil" zur Einschätzung Ihrer Fähigkeiten und zwei Handouts „Profilentwicklung" zur Formulierung Ihrer Entwicklungsziele.

Trainerlogbuch
Seite 246

Während des Trainings können Sie Ihr Trainerverhalten mit Hilfe eines Trainerlogbuchs dokumentieren und anschließend derart auswerten, dass Ihnen beim nächsten Durchlauf durch den Trainingszyklus neue Daten für Standortbestimmung, Selbsteinschätzung und Zielsetzung zur Verfügung stehen.

Es ist nicht notwendig, die Selbsteinschätzung bei jedem Trainingszyklus zu wiederholen. Setzen Sie sich aber regelmäßig Zeitpunkte fest, an denen Sie die Selbsteinschätzung aktualisieren und Ihre Ziele neu ausrichten. Neben der Selbsteinschätzung bieten sich durch Coaching oder kollegiale Beratung weitere Möglichkeiten zur professionellen Reflexion Ihrer Trainerrolle an.

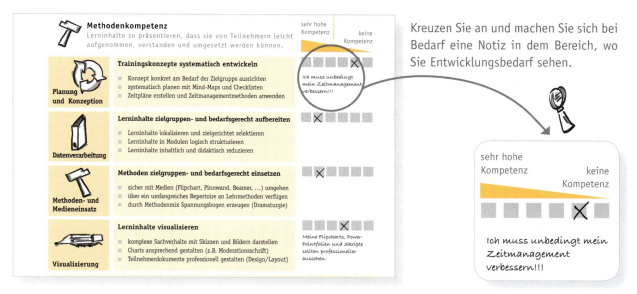

Wie ist der Fragebogen aufgebaut?
Der folgende Test dient zur Selbsteinschätzung der Trainerkompetenzen in den vier Kompetenzbereichen. Die vier Kompetenzbereiche sind noch einmal unterteilt in vier Untergruppen. Diese werden stichwortartig beschrieben. Zur Einschätzung der Kompetenzen befindet sich rechts neben der Beschreibung eine Skala von 1 (sehr hohe Kompetenz) bis 6 (keine Kompetenz). Unter der Skala ist ein Freiraum, damit Sie Anmerkungen zu Ihren Einschätzungen notieren und erste grobe Ziele festhalten können.

Was machen Sie mit dem Ergebnis?
Identifizieren Sie anhand Ihres ausgefüllten Fragebogens Ihre Entwicklungsmöglichkeiten und setzen Sie sich im nächsten Schritt Ziele zur Entwicklung Ihres Trainerprofils. Übertragen Sie dazu Ihre Notizen und Grobziele später in das Arbeitsblatt „Trainerziele".

Zielsetzung

Selbsteinschätzung zur Fachkompetenz
Über ein tiefes, fundiertes und vor allem aktuelles Wissen rund um das Themengebiet verfügen.

sehr hohe Kompetenz — keine Kompetenz

Fachwissen

Das Wissen rund um das Trainingsthema

- fundiertes Basis- und Hintergrundwissen zum Thema besitzen
- aktuelles Wissen (z.B. Trends, Forschungserkenntnisse) besitzen
- Überblickswissen (verwandte Themengebiete) besitzen

Firmen- und Branchenwissen

Das Wissen rund um die Welt der Teilnehmer

- Zielgruppe kennen (deren Lernbedarf erkennen)
- Organisation kennen (Aufgabe, Struktur und Prozesse)
- Branche der Organisation kennen

Lernpsychologie

Das Wissen rund um die Welt des Lernens

- aktuellen Forschungsstand über Lernen und Gedächtnis kennen
- Kenntnisse über Lernverhalten und Lernstile besitzen
- didaktische Modelle und Prinzipien kennen

Allgemeinwissen

Allgemeinwissen

Allgemeines Wissen besitzen, um Lerninhalte in einen größeren (wirtschaftlichen, politischen, gesellschaftlichen) Bezugsrahmen setzen zu können

Bemerkungen, Ergänzungen und erste grobe Zielformulierungen

Trainerprofil schärfen

Selbsteinschätzung zur Methodenkompetenz
Lerninhalte so präsentieren, dass sie von Teilnehmern leicht aufgenommen, verstanden und umgesetzt werden können.

sehr hohe Kompetenz — keine Kompetenz

Planung und Konzeption

Trainingskonzepte systematisch entwickeln
- Konzept konkret am Bedarf der Zielgruppe ausrichten
- systematisch planen mit Mind-Maps und Checklisten
- Zeitpläne erstellen und Zeitmanagementmethoden anwenden

Datenverarbeitung

Lerninhalte zielgruppen- und bedarfsgerecht aufbereiten
- Lerninhalte lokalisieren und zielgerichtet selektieren
- Lerninhalte in Modulen logisch strukturieren
- Lerninhalte inhaltlich und didaktisch reduzieren

Methoden- und Medieneinsatz

Methoden zielgruppen- und bedarfsgerecht einsetzen
- sicher mit Medien (Flipchart, Pinnwand, Beamer …) umgehen
- über ein umfangreiches Repertoire an Lehrmethoden verfügen
- durch Methodenmix Spannungsbogen erzeugen (Dramaturgie)

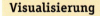
Visualisierung

Lerninhalte visualisieren
- komplexe Sachverhalte mit Skizzen und Bildern darstellen
- Charts ansprechend gestalten (z.B. Moderationsschrift)
- Teilnehmerdokumente professionell gestalten (Design/Layout)

Bemerkungen, Ergänzungen und erste grobe Zielformulierungen

© managerSeminare

Zielsetzung

 Selbsteinschätzung zur Sozialkompetenz
Vertrauensvolle und wertschätzende Beziehungen zu Teilnehmern aufbauen können.

sehr hohe Kompetenz → keine Kompetenz

Kommunikation

Mit den Teilnehmern kommunizieren
- sich einfach, klar und verständlich ausdrücken
- aktiv zuhören und sich in den Gegenüber hineinversetzen
- sensibel Feedback geben und Feedback annehmen

☐ ☐ ☐ ☐ ☐

Umgang mit Gruppen

Gruppenprozesse wahrnehmen und einfühlsam gestalten
- Dynamiken innerhalb der Gruppe erkennen
- Übertragungen und Projektionen verstehen
- verschiedene Perspektiven einnehmen können

☐ ☐ ☐ ☐ ☐

Leitung und Führung

Lernprozesse souverän steuern können
- sich durchsetzen und überzeugen
- begeistern und motivieren
- sich flexibel auf Veränderungen einlassen und improvisieren

☐ ☐ ☐ ☐ ☐

Umgang mit Störungen

Mit schwierigen Situationen konstruktiv umgehen
- Störungen wahrnehmen und benennen
- Hypothesen für mögliche Ursachen aufstellen
- angemessene Lösungen anbieten und besprechen

☐ ☐ ☐ ☐ ☐

Bemerkungen, Ergänzungen und erste grobe Zielformulierungen

Trainerprofil schärfen

Selbsteinschätzung zur Selbstkompetenz
Eigene Fähigkeiten und Stärken kennen und damit situationsgerecht umgehen können.

sehr hohe Kompetenz — keine Kompetenz

Innere Haltung

Handlungen an den eigenen Werten ausrichten
- ein aktuelles Wertesystem aufbauen
- innere Wertekonflikte erkennen und bearbeiten
- das eigene Handeln mit seinen Zielen und Werten abgleichen

Emotionale Stabilität

In schwierigen Situationen souverän in der Rolle bleiben
- die eigenen Stärken und Schwächen kennen
- die eigenen Grenzen kennen und sich angemessen abgrenzen
- konstruktiv mit Kritik umgehen

Reflexionsfähigkeit

Aus der Distanz das eigene Handeln überprüfen
- Distanz zum eigenen Handeln einnehmen
- Perspektivenwechsel vornehmen
- Hypothesen, Maxime und Fazite aus dem Handeln schließen

Ressourcenhaushalt

Mit eigenen Ressourcen gesundheitsorientiert umgehen
- eine ausgeglichene Work-Life-Balance einrichten
- sich schnell in einen ressourcenvollen Zustand versetzen
- Stressbewältigungsstrategien kennen und anwenden

Bemerkungen, Ergänzungen und erste grobe Zielformulierungen

Zielsetzung

Handout Profilentwicklung – Überblick

Nach der Selbsteinschätzung der Trainerkompetenzen in den vier Kompetenzbereichen können nun die Grobziele übertragen werden. Sehen Sie in diesem Fallbeispiel die Übertragung der Grobziele aus den vorhergehenden Notizen:

Profilentwicklung

Entwicklungsziele
im Zeitraum
vom 07. Januar 2011
bis 27. November 2011

FACHKOMPETENZ

Im Internet aktuelle Fachliteratur recherchieren: Was gibt es Neues auf dem Markt?

Homepage des Auftraggebers anschauen!

METHODENKOMPETENZ

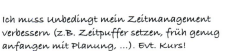

Ich muss unbedingt mein Zeitmanagement verbessern (z.B. Zeitpuffer setzen, früh genug anfangen mit Planung, ...). Evt. Kurs!

Meine Flipcharts, PowerPointfolien und Teilnehmerskripte sollten professioneller aussehen.

SELBSTKOMPETENZ

Während der Seminartage besonders auf gesunde Ernährung achten! Weniger Kaffee! Dafür genug Wasser! Gesunde und leichte Kost!

SOZIALKOMPETENZ

Ich möchte mich mehr mit Rollenspielen befassen! Ich merke, dass ich Rollenspiele ungern im Training einsetze. Dem auf den Grund gehen!

Zielsetzung >> Profilentwicklung

Handout Profilentwicklung

LERNZIELE DEFINIEREN

Lernziele sind die Wegbegleiter im gesamten Prozess: Sie dienen in der Planungsphase als Strukturierungshilfe, während der Veranstaltung als Orientierungshilfe und nach der Veranstaltung zur Ergebnissicherung und Neuorientierung.

Warum Lernziele?
Lernziele geben an, was genau der Lernende am Ende einer Lerneinheit wissen und können soll. Damit legen Lernziele in der Planungsphase die Lerninhalte und den Einsatz von Methoden zur Vermittlung dieser Lerninhalte fest.

Während der Veranstaltung können sich Trainer und Teilnehmer zu jeder Zeit an den gesetzten Zielen orientieren. Dazu ist es in der Anfangsphase für den Trainer wichtig, die Lernziele klar zu formulieren und anschließend mit den Erwartungen der Teilnehmer abzugleichen. Nach der Veranstaltung kann entlang der gesetzten Ziele überprüft und gemessen werden, ob und in welchem Maße ein Zuwachs an Wissen und Können stattgefunden hat. Lernziele werden nach drei Gesichtspunkten systematisiert:

1. **Lernzielarten**
   Wir unterscheiden drei Arten von Zielen, die sich auf die Veränderung unseres Verhaltens beziehen: kognitive (Wissen), affektive (Wollen) und psychomotorische (Können) Ziele.

2. **Schwierigkeitsgrad**
   Hier legen wir das Lernniveau fest. Lernziele können in fünf Schwierigkeitsstufen angegeben werden.

3. **Konkretisierungsgrad**
   Hier legen wir fest, wie konkret ein Ziel formuliert wird. Je konkreter ich ein Ziel formuliere, desto besser kann ich später feststellen, ob das Ziel erreicht wurde. Wir unterscheiden Richt-, Grob- und Feinziele. Die Übergänge sind fließend.

Lernziele lassen sich sehr einfach mit der sogenannten **Wortketten-Technik** formulieren. Hier werden je nach Konkretisierungsgrad verschiedene Bausteine zusammengesetzt. Nähere Erläuterungen finden Sie auf den nächsten Seiten.

Lernzielarten

Lernziele werden in drei verschiedene Bereiche unterteilt: in den kognitiven, affektiven und psychomotorischen Bereich. Anders ausgedrückt, handelt es sich dabei um das Lernen mit Kopf, Herz und Hand (Wissen – Wollen – Können):

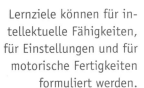

Lernziele können für intellektuelle Fähigkeiten, für Einstellungen und für motorische Fertigkeiten formuliert werden.

Kognitive Ziele
Kognitive Lernziele beziehen sich auf den Bereich des Wissens und Denkens und auf die Entwicklung intellektueller Fähigkeiten *(z.B. die Feedback-Methode kennen und verstehen)*.

Affektive Ziele
Affektive Ziele beziehen sich auf Veränderungen von Interessen, Einstellungen, Werten und Haltungen *(z.B. von der Wirksamkeit der Feedback-Methode überzeugt sein)*.

Psychomotorische Ziele
Psychomotorische Ziele beziehen sich auf manuelle und motorische Fertigkeiten im Umgang mit Werkzeug und Material sowie auf alle Handlungen, die eine Koordination von Bewegungsabläufen erfordern *(z.B. die Feedback-Methode im Rollenspiel einüben)*.

Die drei Lernbereiche hängen eng miteinander zusammen: So setzt z.B. das Lernen einer motorischen Fertigkeit *(Können)* ein bestimmtes Verständnis *(Wissen)*, vor allem aber auch ein bestimmtes Interesse *(Wollen)* voraus.

Lernziele definieren

Schwierigkeitsgrad

Lernziele werden ihren Anforderungen entsprechend in fünf verschiedene Schwierigkeitsstufen unterteilt.

Kognitive Lernziele unterscheiden sich im Grad der Komplexität: Sie reichen vom Verstehen, Wiedergeben und Anwenden des Wissens bis zum Kombinieren von Wissenselementen zu neuen Ideen und Einsichten. **Affektive** Lernziele beschreiben die Entwicklungsstufen von der ersten Kenntnisnahme und Bereitschaft für eine Sache bis zur Verinnerlichung der zugrundeliegenden Werte. **Psychomotorische** Lernziele reichen von einfachen, grob ausgeführten Bewegungen bis zur perfekten Ausübung komplexer Bewegungsabläufe.

Kognitive Lernziele
5 Stufen nach Grad der Komplexität

K1 – Wissen und verstehen
Wissen erinnern und abrufen. Mit eigenen Worten wiedergeben. Beispiele anführen.

K2 – Anwendung
Transfer herstellen. Erlerntes auf konkrete Situationen übertragen.

K3 – Analyse
Inhalte in Teile zerlegen. Widerprüche und Zusammenhänge erkennen.

K4 – Synthese
Zusammenfügen von Wissenselementen. Plan erstellen. Hypothesen entwickeln.

K5 – Bewertung
Beurteilen, Entschlüsse fassen und begründen. Fazit und Maxime herleiten.

Affektive Lernziele
5 Stufen nach Grad der Internalisation

A1 – Aufmerksamkeit
Sensibilisierung für das Thema. Inhalte zur Kenntnis nehmen.

A2 – Reaktion
Interesse und Aufnahmebereitschaft. Positive Haltung gegenüber dem Thema.

A3 – Wertung
Inhalt für wertvoll halten. Bereitschaft, größeren Aufwand dafür zu betreiben.

A4 – Wertesystem
Wert vom Einzelfall lösen und auf das Allgemeine schließen. Werte in Beziehung stellen.

A5 – Verinnerlichung
Lebensziele nach den Werten ausrichten. Erfüllt sein durch die Werte.

Psychomotorische Lernziele
5 Stufen nach Grad der Koordination

P1 – Imitation
Beobachtung und Nachahmung von Bewegungsabläufen. Grobe und unsichere Bewegungen.

P2 – Manipulation
Bewegungsabläufe auf Instruktion ausführen. Zunehmend sichere Bewegung.

P3 – Präzisierung
Abläufe flüssig und mit hoher Genauigkeit. Allmähliche Unabhängigkeit vom Modell.

P4 – Handlungsgliederung
Koordination komplexer Bewegungsabläufe. Harmonisches Zusammenwirken.

P5 – Naturalisierung
Automatische, unbewusste Ausführung. Unabhängigkeit vom Modell.

© managerSeminare

Kognitive Ziele

Kognitive Ziele beziehen sich auf den Bereich des Wissens und Denkens sowie auf die Entwicklung intellektueller Fähigkeiten. Sie unterscheiden sich im Grad der Komplexität: Sie reichen vom Verstehen, Wiedergeben und Anwenden von Wissen bis zum Kombinieren von Wissenselementen zu neuen Ideen und Einsichten.

	Zielgrad	Beispiel	Formulierungshilfen
K1	**Wissen und verstehen** Wissen erinnern und abrufen. Mit eigenen Worten wiedergeben und zusammenfassen. Beispiele anführen.	*Das Kommunikationsmodell! „Vier Seiten einer Nachricht" erklären.*	benennen, aufzählen, darstellen, in eigenen Worten wiedergeben, beschreiben, begründen, erläutern, verdeutlichen, erklären, ...
K2	**Anwendung** Transfer herstellen. Erlerntes auf konkrete Situationen übertragen.	*Das Modell „Vier Seiten einer Nachricht" in einem Gespräch anwenden.*	erstellen, entwickeln, umsetzen, zuordnen, übertragen, ausführen, anwenden auf, implementieren, benutzen, lösen, ...
K3	**Analyse** Inhalte in Teile zerlegen. Bestehende Strukturen erkennen. Widersprüche aufdecken. Zusammenhänge erkennen. Folgerungen ableiten.	*Gespräch mit dem Modell „Vier Seiten einer Nachricht" analysieren.*	analysieren, zerlegen, untersuchen, gliedern, nachweisen, ableiten, identifizieren, vergleichen, differenzieren, kennzeichnen, ...
K4	**Synthese** Wissenselemente zu etwas Neuem zusammenfügen. Einen Plan erstellen. Lösungswege vorschlagen. Hypothesen entwerfen.	*Gespräch mit dem Modell „Vier Seiten einer Nachricht" vorbereiten.*	aufbauen, strukturieren, planen, entwerfen, definieren, aufstellen, formulieren, anordnen, kombinieren, konstruieren, ...
K5	**Bewertung** Beurteilen, Entschlüsse fassen und begründen. Fazit und Maxime herleiten.	*Über den eigenen Kommunikationsstil reflektieren.*	beurteilen, interpretieren, schlussfolgern, entscheiden, argumentieren, reflektieren, Fazit setzen, Maxime aufstellen, ...

Lernziele definieren

Affektive Ziele

Affektive Ziele beziehen sich auf Veränderungen von Interessen, Einstellungen, Werten und Haltungen. Sie beschreiben die Entwicklungsstufen von der ersten Kenntnisnahme und Bereitschaft für eine Sache bis zur Verinnerlichung der zugrundeliegenden Werte.

	Zielgrad	Beispiel	Formulierungshilfen
A1	**Aufmerksamkeit** Sensibilisierung für das Thema. Inhalte zur Kenntnis nehmen.	*Die eigene Wahrnehmung für die Gesprächsatmosphäre schärfen.*	beachten, bewusst werden, gewahr werden, sensibilisieren, zur Kenntnis nehmen, Aufmerksamkeit richten auf, konzentrieren auf, …
A2	**Reaktion** Interesse und Aufnahmebereitschaft. Positive Haltung gegenüber dem Thema.	*Die Wirkung des „Aktiven Zuhörens" als angenehm empfinden.*	einwilligen, Freude empfinden, Anteil nehmen, bereit sein zu, sich beteiligen, Gefallen finden an, interessiert sein an, …
A3	**Wertung** Inhalt für wertvoll halten. Bereitschaft, größeren Aufwand dafür zu betreiben.	*Es wichtig finden, im Gespräch dem Gegenüber „aktiv zuzuhören".*	wichtig finden, würdigen, wertvoll finden, entschlossen sein, überzeugt sein von, …
A4	**Wertesystem** Den Wert vom Einzelfall lösen und auf das Allgemeine schließen. In Beziehung zu anderen Werten stellen.	*Respekt und Wertschätzung als grundlegende Werte identifizieren.*	Werthaltung einnehmen, priorisieren, Werte gegeneinander abwägen, Werte einordnen, Beurteilungsmaßstab entwickeln, …
A5	**Verinnerlichung** Lebensziele nach den Werten ausrichten. Erfüllt sein durch die Werte.	*Allen Menschen Respekt und Wertschätzung entgegenbringen.*	eine Lebenseinstellung finden, Grundsätze haben, Weltanschauung entwickeln, verinnerlicht haben, …

Psychomotorische Ziele

Psychomotorische Ziele beziehen sich auf manuelle und motorische Fertigkeiten im Umgang mit Werkzeugen und Material sowie auf alle Handlungen, die eine Koordination von Bewegungsabläufen erfordern. Psychomotorische Ziele reichen von einfachen, grob ausgeführten Bewegungen bis zur perfekten Ausübung komplexer Bewegungsabläufe.

	Zielgrad	Beschreibung
P1	**Imitation** Beobachtung und Nachahmung von Bewegungsabläufen. Bewegungsabläufe sind grob und unvollkommen.	*Der Trainer demonstriert eine Handlung. Der Lernende beobachtet diese und beginnt, den Bewegungsablauf nachzuahmen. Die Nachahmung ist rein situativ und an die vorhergehende Demonstration gebunden. Eine eigenständige Ausführung ist nicht möglich.*
P2	**Manipulation** Bewegungsabläufe nicht mehr beobachten müssen, sondern auf Instruktion ausführen. Festigung der Abläufe durch Übung.	*Durch häufige Wiederholung wird der Lernende in dem Bewegungsablauf zunehmend geübter und sicherer. Er ist nun in der Lage, die Handlung auch ohne Beobachtung allein auf Anweisung durchzuführen. Der Trainer korrigiert fehlerhafte Ausführungen.*
P3	**Präzisierung** Abläufe flüssig und mit hoher Genauigkeit. Allmähliche Unabhängigkeit vom Modell.	*Bewegungsabläufe werden nun flüssig und mit einer sehr hohen Genauigkeit ausgeführt. Der Lernende kann bereits losgelöst von seinem ursprünglichen Vorbild den Handlungsablauf in eigener Weise regulieren, z.B. Geschwindigkeit und Rhythmus verändern.*
P4	**Handlungsgliederung** Koordination komplexer Bewegungsabläufe. Harmonisches Zusammenwirken der Einzeltechniken.	*Komplexe Bewegungsabläufe werden harmonisch und mit Exaktheit ausgeführt. Der Lernende besitzt die Fertigkeit, eine Reihe von Bewegungsabläufen zu koordinieren und dabei verschiedene Körperpartien gleichzeitig zu beanspruchen.*
P5	**Naturalisierung** Automatische, unbewusste Ausführung. Unabhängigkeit vom Modell.	*Die Handlung erreicht den höchsten Grad an Beherrschung und Perfektion. Über die Koordination der Bewegungsabläufe muss nicht mehr nachgedacht werden. Die Ausführung der Bewegungsabläufe erfolgt wie von selbst.*

Handout Lernziele – Überblick

Stellen Sie für Ihre Veranstaltung einen Katalog mit Lernzielen zusammen. Legen Sie fest: *Was sollen die Teilnehmer am Ende des Seminars kennen, wollen und können?* Verfassen Sie die Ziele mit den Formulierungshilfen auf den Seiten 34 – 36. *Auf welchem Niveau sollen die Lernziele erreicht werden?* Legen Sie den Schwierigkeitsgrad der Ziele fest.

Lernziele

Veranstaltung
Titel: Werteorientierte Kommunikation
Ort: 24./25. Juli 2011
Datum: Hardegsen – Burghotel

 Kognitive Lernziele

K1 Kommunikationsmodell „Vier Seiten einer Nachricht" kennen.

K1 Methode des „Aktiven Zuhörens" kennen.

K2 Kommunikationsmethoden in einfache Alltagssituationen übertragen.

K3 Gespräche mit Hilfe der erlernten Methoden und Techniken analysieren.

K4 Schwierige Gespräche mit Hilfe der erlernten Methoden und Techniken vorbereiten.

 Affektive Lernziele

A1 Wahrnehmung für Gesprächsatmosphäre sensibilisieren.

A1 Wahrnehmung für eigene Kommunikationsmuster sensibilisieren.

A2 Eine positive Wirkung bei der Anwendung von Gesprächstechniken feststellen.

A3 Die Anwendung für Gesprächstechniken als wichtig empfinden und bereit sein, diese regelmäßig zu üben.

Psychomotorische Lernziele

P2 Atemtechnik und Stimmübung nach Instruktion selbstständig durchführen.

Zielsetzung >> Lernziele

Handout Lernziele

© managerSeminare

Konkretisierungsgrad

Lernziele beschreiben den Endzustand. Je genauer der angestrebte Endzustand beschrieben wird, desto besser lässt sich später das Lernergebnis messen. Der Übergang von Grobziel zum Feinziel ist fließend:

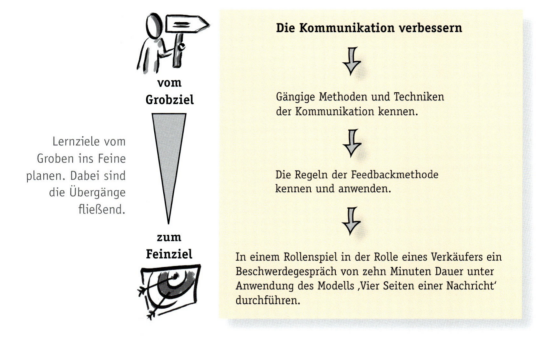

Lernziele vom Groben ins Feine planen. Dabei sind die Übergänge fließend.

Wie genau sollen die Ziele formuliert werden?

- **Richtziele** dienen als Leitidee für die Ausrichtung einer Veranstaltung. Richtziele werden sehr grob und unspezifisch formuliert *(z.B. Kommunikation verbessern)*.

- An den Richtzielen orientieren sich die **Grobziele**. Diese beziehen sich auf die einzelnen Lerneinheiten *(z.B. gängige Methoden und Techniken der Kommunikation kennen)*.

- Grobziele einer Lerneinheit werden zerlegt in mehrere **Feinziele**. Diese beziehen sich auf die einzelnen Lernschritte innerhalb einer Lerneinheit. Es ist nicht nötig, für jeden noch so kleinen Lernschritt ein Ziel zu formulieren, denn dies schränkt den Freiraum und die Flexibilität zu sehr ein.

Lernziele definieren

Lernzielformulierung

Vier Bausteine werden zur Formulierung von Lernzielen benötigt: Inhalte und Endverhalten sowie Bedingungen und Beurteilungsmaßstab.

Wortverkettung
Bei der Wortverkettung handelt es sich um eine einfache Technik, Lernziele zu formulieren. Ein Lernziel besteht aus verschiedenen Bausteinen, die je nach Konkretisierungsgrad wie folgt zusammengesetzt werden:

1. Unspezifische Formulierung
Unspezifische Lernziele enthalten Angaben, was gelernt werden soll (Inhalt) und umschreiben ein Verhalten, was nach der Lernerfahrung erworben sein soll (Endverhalten mit Angabe des Lernzielbereichs K-A-P und der Schwierigkeitsstufe 1–5):

„Das Modell ‚Vier Seiten einer Nachricht' kennen und anwenden."

Inhalt

Das Modell „Vier Seiten einer Nachricht"

Endverhalten

kennen **(K1)** und anwenden **(K2).**

2. Spezifische Formulierung
Spezifische Ziele enthalten neben der Inhaltsangabe und der Beschreibung des Endverhaltens Angaben über die Bedingungen, unter denen das Verhalten angezeigt werden soll und Kriterien, nach denen das Erreichen des Lernziels beurteilt wird (Beurteilungsmaßstab):

„In einem Rollenspiel in der Rolle eines Verkäufers ein Beschwerdegespräch von zehn Minuten Dauer unter Anwendung des Modells ‚Vier Seiten einer Nachricht' durchführen."

Inhalt

Das Modell „Vier Seiten einer Nachricht"

Bedingungen

im Rollenspiel

in der Rolle eines Verkäufers

im Beschwerdegespräch

Maßstab

zehn Minuten

Endverhalten

anwenden.

© managerSeminare

Handout Lernziele – Feinziele

Die drei Lernbereiche hängen eng miteinander zusammen. Sehen Sie an diesem Beispiel, wie Sie ein komplexes Lernziel in seine kognitiven, affektiven und psychomotorischen Teilziele zerlegen können.

Lernziele

Veranstaltung
Titel: Werteorientierte Kommunikation
Ort: Hardegsen – Burghotel
Datum: 24. / 25. Juli 2011

Lernzielformulierung
„In einem Rollenspiel in der Rolle eines Verkäufers ein Beschwerdegespräch von 10 Minuten Dauer unter Anwendung des Modells 'Vier Seiten einer Nachricht' durchführen."

Kognitive Lernziele	Affektive Lernziele	Psychomotorische Lernziele
Grobziel	**Grobziel**	**Grobziel**
K1 Modell „Vier Seiten einer Nachricht" anwenden.	A1 Wahrnehmung für Gesprächsatmosphäre sensibilisieren.	P2 Nach Instruktion Rollenspiel selbstständig durchführen.
Feinziele	**Feinziele**	**Feinziele**
K 1.1 Die vier Seiten des Nachrichtenquadrats benennen können	A 1.1 Nonverbale Signale erkennen (Stimme, Körperhaltungen)	P 2.1 Sich genau an die Instruktion halten
K 1.2 Beispiele zu den vier Seiten benennen können	A 1.2 Gesprächsstörer wahrnehmen	P 2.2 Die einzelnen Phasen des Rollenspiels genau einhalten
	A 1.3 Eigene Gefühle und Reaktionen wahrnehmen	P 2.3 Die zugewiesene Rolle überzeugend spielen

Zielsetzung >> Lernziele

Handout
Lernziele

Lernziele definieren

Handout Profilentwicklung – Feinziele

Zerlegen Sie auch Ihre eigenen Trainerziele in mehrere Feinziele. In diesem Beispiel wurde ein Entwicklungsziel von Seite 30 in mehrere Grob- und Feinziele unterteilt:

Profilentwicklung

Entwicklungsziele
im Zeitraum
vom 01. Januar 2011
bis 31. Dezember 2011

Erste Formulierung
„Meine Flipcharts, PowerPointfolien und Teilnehmerskripte sollten professioneller aussehen."

Richtziel	Methodenkompetenz – Gestalterische Kompetenz aufbauen		
Grobziel	Teilnehmer-Skripte professionell gestalten	PowerPoint-Folien professionell gestalten	Flipcharts professionell gestalten
Feinziele	- Gestaltungsprinzipien im Mediendesign kennen - Einheitliches Layout und Design für meine Unterlagen entwickeln - Teilnehmer-Skript erstellen	- Gestaltungsprinzipien für PowerPoint-Präsentationen kennen - Einheitliches Layout und Design für meine Unterlagen entwickeln - Fotogalerie aufbauen - PowerPoint-Folie erstellen	- Handwerkskoffer für Visualisierung aufbauen (Stifte, Papier) - Techniken der Visualisierung beherrschen (Skizzen, Schatten, Perspektive, …) - Bildergalerie aufbauen - Flipcharts erstellen

Zielsetzung >> Profilentwicklung

Handout Profilentwicklung

© managerSeminare

SCHRITT IN DIE PLANUNGSPHASE

Der Grundstein ist gelegt! Nun gehen Sie mit wichtigen Ergebnissen in die nächste Phase über – in die Planungsphase.

Mit welchen Ergebnissen gehen Sie in die Planungsphase?
Was ist geschafft? Sie verfügen nun über alle notwendigen Grundinformationen rund um das Seminar. Sie haben eine Standortbestimmung zum eigenen Trainerprofil gemacht. Sie haben sich ein Gerüst aus zunächst groben, richtungsweisenden Zielen für Ihr Seminar erschaffen:

 Im **Seminarrahmen** haben Sie alle Grundinformationen zur anstehenden Veranstaltung auf einen Blick. Daran können Sie sich orientieren, wenn Sie im nächsten Schritt eine grobe Agenda und die Seminarbeschreibung anfertigen.

 Zu dem anstehenden Training haben Sie erste **grobe Lernziele** definiert, die Sie bei der Recherche der Lerninhalte und Wahl der Methoden leiten sollen.

 Sie haben Ihr **Trainerprofil** überprüft und wissen, welche Stärken und Defizite Sie aktuell haben. Sie haben sich Entwicklungsziele gesetzt, deren Umsetzung Sie durch ein Trainerlogbuch dokumentieren können.

Was Sie als Nächstes erwartet
Mit diesen Ergebnissen können Sie nun in die Planungsphase einsteigen: Auf Basis der Grobziele werden Sie Lerninhalte zusammenstellen und modular aufbauen, Methoden und Medien einsetzen und Feinziele formulieren – bis hin zu Instruktionsanweisungen.

Schritt in die Planungsphase

IHRE NOTIZEN

Notieren Sie sich auf dieser Seite alle Informationen, die Ihnen in diesem Kapitel wichtig waren.

TRILOGIE DES PLANENS

Vom Thema zum Inhalt, vom Inhalt zum Regiebuch und vom Regiebuch zum Storyboard – eine Dramaturgie in drei Akten.

Eine Trilogie ist ein inhaltliches Werk, welches aus drei Teilen besteht. Die Einzelwerke einer Trilogie haben zwar einen gemeinsamen Rahmen, sind jedoch gleichzeitig selbstständig und in sich abgeschlossen. In unserem Fall wird die Planung unseres Seminarkonzepts dramaturgisch auf drei Akte aufgeteilt:

1. Akt – Vom Thema zum Inhalt
Wo finde ich die passenden Lerninhalte? Wie kann ich Inhalte systematisch strukturieren und verwalten? Ziel ist es, Inhalte in einen logischen Zusammenhang zu stellen und in Lernmodulen zu clustern. Als Ergebnis entsteht eine Agenda und eine Seminarbeschreibung.

- Datenmaterial recherchieren und sammeln
- Lerninhalte modulieren
- Seminar ankündigen

2. Akt – Vom Inhalt zum Regiebuch
Wie kann ich mein Seminar lebendig und spannend gestalten? Welche Methoden und Medien eignen sich am besten für die Vermittlung, Verarbeitung und Präsentation des Lernstoffs? Sie erarbeiten einen Methodenkoffer und ein Regiebuch für den Ablauf Ihrer Trainings:

- Didaktische Reduktion
- Methoden und Medien
- Das Regiebuch

3. Akt – Vom Regiebuch zum Storyboard
Wie komme ich vom Text zum Bild? Im Fokus steht die visuelle Planung: die Planung mit Papier und Bleistift. Hier skizzieren und scribbeln Sie nach dem Motto: *Ein Bild sagt mehr als 1000 Worte*. Zu den Lerninhalten werden Bilder erzeugt, Layouts in Text-Bild-Dramaturgie ent-wickelt und Abläufe mit der Storyboard-Methode geplant.

- Visuelle Planung
- Layout-Entwicklung
- Storyboard-Entwicklung

VOM THEMA ZUM INHALT

1. Akt – Vom Thema zum Inhalt 46

Datenmaterial sammeln 48
Ideen produzieren
EXKURS Die Mind-Map-Methode
Datenmaterial recherchieren
Datenmaterial bearbeiten
Systematische Datenablage
EXKURS Der Mind-Map-Explorer

Lernmodule bilden 64
Lerneinheiten festlegen
Bausteine einer Modulbeschreibung
Die Agenda

Seminar ankündigen 70
Bausteine einer Seminarbeschreibung

In die nächste Planungsphase 74

1. AKT – VOM THEMA ZUM INHALT

Vom Thema zum Inhalt, vom Inhalt zum Regiebuch und vom Regiebuch zum Storyboard – eine Dramaturgie in drei Akten.

Was passiert im 1. Akt?
In diesem Kapitel beschäftigen wir uns nun mit den Fragen: *Wie kann ich mein Seminar lebendig und spannend gestalten? Wie erzeuge ich einen Spannungsbogen? Welche Methoden und Medien eignen sich am besten für die Vermittlung, Verarbeitung und Präsentation des Lernstoffs?*

Am Ende des Kapitels stehen Ihnen wieder eine ganze Reihe weiterer Instrumente zur Verfügung:

- Auf **Exzerptbögen** werden Sie die wichtigsten Gliederungspunkte, Argumente und Gedanken der Rohtexte erfassen.

- Auf **Lernmodulkarten** sammeln Sie alle relevanten Informationen und Quellen rund um das Lernmodul.

- Sie erstellen eine **Agenda** als grobes Zeitgerüst und beschreiben darin den Ablauf und das Lernvolumen der Lernmodule.

- In der **Seminarbeschreibung** stellen Sie alle Informationen zur Verfügung, die die Teilnehmer brauchen, um sich ein Bild zu machen, was im Seminar auf sie zukommt.

Vom Thema zum Inhalt

Die Reiseroute im 1. Akt
Begeben Sie sich nun auf die dreiteilige Entdeckungstour durch die Trilogie des Planens. Wir beginnen im 1. Akt:

1. Datenmaterial recherchieren und sammeln

WO sammeln?
In geeigneten Suchräumen nach Datenmaterial recherchieren und sammeln.

WAS sammeln?
Geeignetes Datenmaterial rund um das Thema finden.

WIE ablegen?
Systematische Datenablage in Ordnern und auf dem PC.

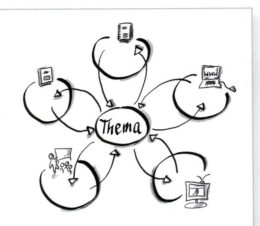

Ziel ist es, ein tiefes, fundiertes und aktuelles Wissen rund um das Themengebiet aufzubauen und daraus passende Lerninhalte zu generieren.

2. Lerninhalte modulieren

Lerneinheiten festlegen
Module bilden.

Reihenfolge festlegen
Logischen Ablauf der Module festlegen.

Modultiefe bestimmen
Wie tief und wie breit sollen die Lerneinheiten gestaltet werden?

Agenda aufstellen
Zeitkomponente einbringen. Lernvolumen mit Zeitrahmen abgleichen.

3. Seminar ankündigen

Die Bausteine für eine klar strukturierte Seminarbeschreibung erfassen und zusammenstellen.

© managerSeminare

DATENMATERIAL SAMMELN

Was macht mich zum Experten in dem Thema? Ziel ist, über ein tiefes, fundiertes und vor allem aktuelles Wissen rund um das Themengebiet zu verfügen.

Entwickeln Sie eine Suchstrategie, um Informationen systematisch zu recherchieren. Sammeln Sie Ihr Datenmaterial im Vierschritt:

Ideen produzieren
Ziel ist, alle Ideen und Einfälle rund um das Thema zu sammeln. Erarbeiten Sie sich einen Schlagwortkatalog mit allen Begriffen und Synonymen, die Ihnen zum Thema einfallen. Verdichten und vernetzen Sie Ihre Ideen. Geeignete Methoden in diesem Stadium sind Brainstorming, Clustering und Mind-Mapping.

Datenmaterial recherchieren
Ziel ist, alle Inhalte rund um das Thema zu sammeln: Artikel, Grafiken, Metaphern, eigenes Wissen und Erfahrungen, Bilder, … einfach ALLES! Hier geht es um das systematische Aufsuchen von geeignetem Datenmaterial entlang Ihres Schlagwortkatalogs.

Datenmaterial bearbeiten
Hier geht es um das Aufbereiten und Komprimieren des Rohtextes und um die Abgrenzung von Basiswissen zu Aufbau- und Hintergrundwissen.

- Markieren relevanter Textinhalte mit einem effektiven **Markierungssystem**
- Herausarbeiten relevanter Kernaussagen und Textauszüge durch **Exzerpte**

Systematische Datenablage
Hier geht es um die systematische Ablage des gesammelten Rohmaterials in Papierordnern und elektronischen Ordnern. *Wo soll ich das Datenmaterial ablegen? Wie kann ich es wiederfinden? Wie kann ich die Informationsflut in den Griff bekommen? Wie kann ich mein Datenmaterial verwalten?*

Ideen produzieren

Der erste Schritt, sich einem Thema inhaltlich zu nähern, ist, zunächst völlig unbewertet alle Begriffe, Ideen, bereits vorhandenes Wissen und zuverlässige Informationsquellen zu sammeln. Dazu bietet sich die Methode **Brainstorming** an. Sammeln Sie alle Einfälle auf Karten und positionieren Sie sie großflächig z.B. auf einer Pinnwand. Anschließend clustern Sie Ihre Ideen, indem Sie übergeordnete Themenbereiche festlegen und mit Überschriften versehen:

1. Sammeln Sie an einer Pinnwand auf Karten alles, was Ihnen zu dem Thema einfällt.

2. Legen Sie übergeordnete Themenbereiche mit Überschriften fest.

Darüber hinaus können Sie das Brainstorming und **Clustern** in der **Mind-Map-Methode** anwenden. Mind-Mapping ist eine Visualisierungsmethode, die die Denk- und Assoziationsstruktur unseres Gehirns optimal nutzt. Das Gedächtnis wird durch die räumliche Anordnung von Schlüsselbegriffen und die Nutzung von Bildern, Symbolen und Farben positiv unterstützt.

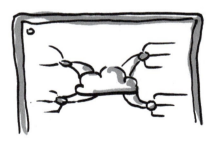

Mit einer Mind-Map können Sie Ihr Datenmaterial ordnen und festhalten.

Ob auf DIN A3, auf einem Plakat oder auch elektronisch: Die Mind-Map-Methode eignet sich hervorragend, um komplexes Datenmaterial zu sammeln und zu strukturieren. Wie das geht, das sehen Sie nun auf den folgenden Seiten …

EXKURS Die Mind-Map-Methode

Wie wir mit unseren beiden Gehirnhälften optimal umgehen können.

Mind-Mapping ist eine Visualisierungsmethode, die die Denk- und Assoziationsstruktur unseres Gehirns optimal nutzt. Das Gedächtnis wird durch die räumliche Anordnung von Schlüsselbegriffen und die Nutzung von Farben und Symbolen positiv unterstützt und das Gehirn somit entlastet, weil beide Gehirnhälften gleichermaßen zum Einsatz kommen.

Unsere beiden Großhirnhälften nehmen ganz unterschiedliche Aufgaben wahr: Während sich die linke Hälfte um lineare Prozesse kümmert und mit Worten und Zahlen umzugehen weiß, bemüht sich unsere rechte Gehirnhälfte um ein räumliches Verstehen, sie nimmt dazu Farben und Bilder wahr. Indem wir beide Gehirnhälften gut trainieren, können wir unsere geistige Kapazität steigern.

Mind-Mapping fördert die optimale Zusammenarbeit beider Gehirnhälften: Es strukturiert und hierarchisiert Informationen für die linke Gehirnhälfte. Und es bietet eine Zuordnung von Schlüsselbegriffen zu Bildern und ermöglicht damit einen (bildhaften) Gesamtüberblick für die rechte Gehirnhälfte.

Arbeitsteilung der beiden Großhirnhälften

Datenmaterial sammeln

EXKURS Die Mind-Map-Methode

Alles über den Aufbau einer Mind-Map und das benötigte Material.

1. In der Mitte des Blattes befindet sich das zentrale Thema (**Zentralbild**).
2. **Hauptäste** strahlen kreisförmig vom Zentralbild ab.
3. Von den Hauptästen gehen untergeordnete **Zweige** ab.
4. Auf die Äste und Zweige schreiben Sie **Schlüsselworte**.
5. Schlüsselworte werden durch **Bilder** und Symbole unterstützt.
6. Über den gezielten Einsatz von **Farben** werden Bereiche differenziert und hervorgehoben.

Setzen Sie auf gute Qualität. Wenn Sie minderwertiges Papier und ausgetrocknete Stifte nutzen, wird Ihnen die Erstellung von Mind-Maps keinen Spaß machen. Hier ist Ihre Grundausstattung:

- Papier (weiß, unliniert, hohe Qualität, mindestens DIN A4, besser ist DIN A3)
- Bleistift, Radiergummi, Notepads
- Schwarzer Liner oder dünner schwarzer Filzstift
- Buntstifte und bunte Filzstifte

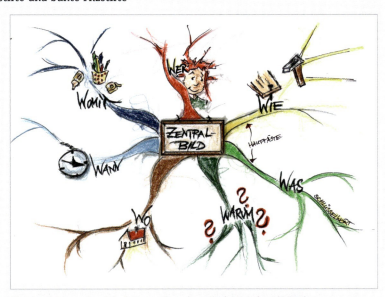

Eine meiner ersten Mind-Maps über das Mind-Mapping (1998)

© managerSeminare

EXKURS Die Mind-Map-Methode

Warum Mind-Mapping? Welche Vorteile bietet Mind-Mapping gegenüber anderen Strukturierungsmethoden?

Der große Unterschied zu anderen Strukturierungsmethoden ist der *radiale* Aufbau – d.h., Mind-Maps arbeiten organisch von der Blattmitte nach außen (**360°-Freiheit**). Der Gegenspieler ist die klassische Liste. Eine Liste arbeitet von oben nach unten ab. Man nennt die Nutzung von Listen Arbeit im **L-Modus**, weil Listen die linke Gehirnhälfte unterstützen (merke: *links, linear, Listen*).

Die Verwendung von Mind-Maps nennt man Arbeit im **R-Modus**, weil Mind-Maps die rechte Gehirnhälfte unterstützen (merke: *rechts, radial, Raum*). Es gibt kein besser oder schlechter! Manchmal bietet sich die Arbeit im L-Modus an und ich greife zur Liste. Manchmal eignet sich besser die Arbeit im R-Modus und dann greife ich zur Mind-Map. Optimal ist es natürlich, wenn ich beide Modi verbinde, d.h., Liste und Mind-Map derart kombiniere, dass ich beide Strukturierungsqualitäten auf einmal nutze. Dazu später mehr …

Listenstruktur
Charakteristisch ist die lineare Gliederung und die Bearbeitung der Inhalte von oben nach unten. Strukturierungselemente der Liste sind Aufzählungszeichen oder Nummerierungsziffern. Farbe und Symbole werden hier nicht eingesetzt.

Baumstruktur
Charakteristisch ist das Aufspannen einer Ebene durch zwei Dimensionen: Die Hierarchisierungstiefe und die Kategorienbreite. Eingeschränkt wird die Flächennutzung durch die Wahl des Papierformats (hoch oder quer). Farbe und Symbole werden hier nicht eingesetzt.

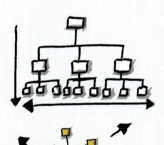

Mind-Map-Struktur
Charakteristisch hier: Das Thema befindet sich im Mittelpunkt. Die Hauptthemen verlaufen kreisförmig von innen nach außen – dadurch optimale Ausnutzung der Fläche. Durch den Einsatz von Farben und Symbolen wird die Abbildung organisch.

Datenmaterial sammeln

EXKURS Die Mind-Map-Methode

Im Dreischritt erstellen Sie Ihre Mind-Map:

1. Zentralbild
Legen Sie ein leeres (unliniertes) Papierblatt quer vor sich. Das Thema kommt genau in die Mitte!

2. Hauptäste
Um das Zentralthema herum werden die Hauptäste angelegt. Fangen Sie auf „1 Uhr" an (hier: gelbes Segment) und positionieren Sie die Hauptäste im Uhrzeigersinn. Verwenden Sie neben den Bezeichnungen zusätzlich Symbole und Farben.

3. Nebenzweige
An den Hauptästen werden dann die Nebenzweige positioniert. Sie müssen dabei nicht von Hauptast zu Hauptast vorgehen. Das Positionieren von Nebenästen darf sprunghaft erfolgen. Lassen Sie Ihren Gedanken freien Lauf.

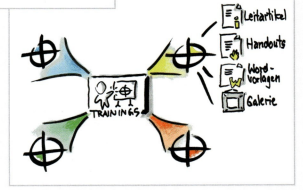

© managerSeminare

EXKURS Die Mind-Map-Methode

Im Vierschritt vom L-Modus in den R-Modus.

Nicht immer ist die Struktur schon so klar, dass Sie Ihr Thema direkt aus dem Kopf auf das Papier bekommen. Wenn Ihnen die Mind-Map-Methode noch ein wenig fremd ist und Ihnen die Arbeit mit Listen oder Baumstrukturen näherliegt: Für die Erstellung einer Mind-Map können Sie mit Brainstorming und Clustern und mit dem Anfertigen von Listen und einer Baumstruktur Vorarbeit leisten.

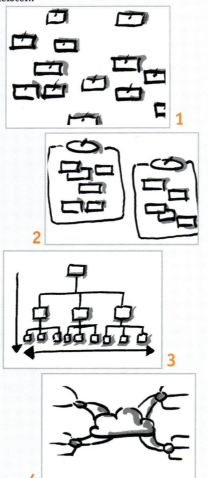

1. **Sammeln.** *Was fällt mir alles zum Thema ein?* Sammeln Sie alle Schlüsselwörter auf Karten, Notepads oder in einer Liste.

2. **Kategorisieren.** *Was gehört zusammen?* Clustern Sie Schlüsselwörter, die zusammengehören und geben Sie den Kategorien Überschriften – dadurch bilden sich die Hauptäste (so wie bei einem Buch die Hauptkapitel).

3. **Hierarchisieren.** *Was gehört auf welche Ebene?* Innerhalb der gebildeten Cluster hierarchisieren Sie nun nach Hauptthemen und untergeordneten Themen. Bildhaft gesehen, bilden Sie damit eine Baumstruktur (siehe Seite vorher).

4. **Positionieren.** *Wo positioniere ich meine Themen?* Die Baumstruktur „klappen" Sie jetzt einfach auf, sodass die Hauptthemen nun kreisförmig um das Zentralthema herum positioniert werden. Mit selbstklebenden Notepads können Sie das bequem bewerkstelligen. Ich arbeite immer dann mit Notepads, wenn ich mir noch nicht ganz sicher bin, wo ich was positionieren möchte. Alternativ können Sie mit Bleistift die Schlüsselwörter und Symbole auftragen und bei endgültiger Fassung mit Filzstift nachzeichnen und die Bleistiftkonturen wegradieren.

Datenmaterial sammeln

EXKURS Die Mind-Map-Methode

Gibt es bestimmte Regeln, die Sie befolgen sollten?

- Verwenden Sie möglichst nicht mehr als sieben **Hauptäste**. Schauen Sie, ob Sie ggf. Themen zusammenfassen können.
- Hauptthemen erschließen sich häufig über Fragen. Mit den sieben **W-Fragen** bekommen Sie jedes Thema in den Griff (*Wer? Wie? Was? Warum? Wo? Wann? Womit?*).
- Verwenden Sie möglichst nicht mehr als drei **Hierarchie-Ebenen**. Ist ein Hauptast sehr komplex, dann machen Sie lieber aus diesem eine eigene Mind-Map.
- Denken Sie an den Ausspruch „Ein Bild sagt mehr als 1000 Worte". Setzen Sie **Bilder** und **Symbole** ein, die Ihre Schlüsselwörter visuell unterstützen. Erstellen Sie sich ein Bild-Vokabelheft mit einem großen Repertoire an Bildern und Symbolen.
- Codieren Sie mit **Farben**! Und beherzigen Sie bei der Anzahl von Farben das Motto: so viel wie nötig, so wenig wie möglich. Legen Sie fest, wie viele Farben Sie für die Codierung benötigen und machen Sie Ihr Bild nicht zu bunt! Gegebenenfalls können Sie mit Farbabstufungen Bereiche voneinander abgrenzen (z.B. hell- und dunkelgrün).

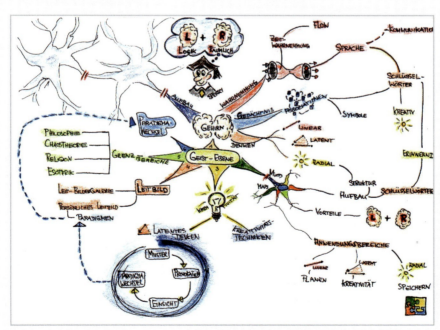

Eine meiner ersten Mind-Maps über das Mind-Mapping (1998)

Datenmaterial recherchieren

Im zweiten Schritt geht es darum, geeignetes Datenmaterial zu sammeln. Reichern Sie vorhandenes Datenmaterial an durch aktuelle Fachartikel, Beispiele aus der Praxis, Erfahrungsberichte, Anekdoten, Zitate, Geschichten, Metaphern, Kurioses. Nutzen Sie dafür alle zuverlässigen Informationsquellen.

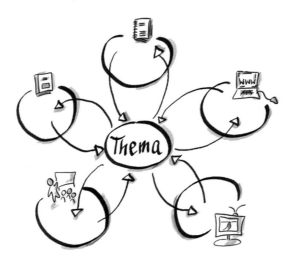

Geeignete Informationsquellen: Fachbücher, Internet, Fachzeitschriften, Weiterbildungsveranstaltungen, Fachtagungen, Kongresse, Fernsehen, Tageszeitung, Gespräche, ...

Einige Tipps bei der Datensuche im Internet
Im Internet entscheidet eine effektive Suchstrategie über den Rechercheerfolg. Ziel jeder Recherche sollte es sein, über die Eingabe sinnvoller Suchbegriffe eine überschaubare (!) Anzahl relevanter Ergebnisse zu erhalten. Neben der Auswahl geeigneter Suchhilfen sind gut gewählte Suchwörter das A und O bei der Recherche im Internet.

- Erstellen Sie zu Ihrem Thema eine Liste mit *guten* Suchbegriffen.
- Machen Sie sich mit dem effektiven Gebrauch von Suchmaschinen und Datenbanken vertraut! Suchmaschinen bieten Suchhilfen an – studieren Sie diese.
- Überprüfen Sie die Zuverlässigkeit der Datenquelle.
- Hinterfragen Sie die Qualität des Datenmaterials.
- Achten Sie auf Aktualität der Daten.
- Gibt es *Themen-Gurus* in dem Themengebiet? Besuchen Sie deren Website.

Datenmaterial sammeln

Handout Datenmaterial
Stellen Sie sich eine Liste der wichtigsten Internetseiten zusammen für die Bereiche Allgemeinwissen, Fachwissen und Wissen über Ihre Kunden sowie Adressen für Ihre Bildrecherche.

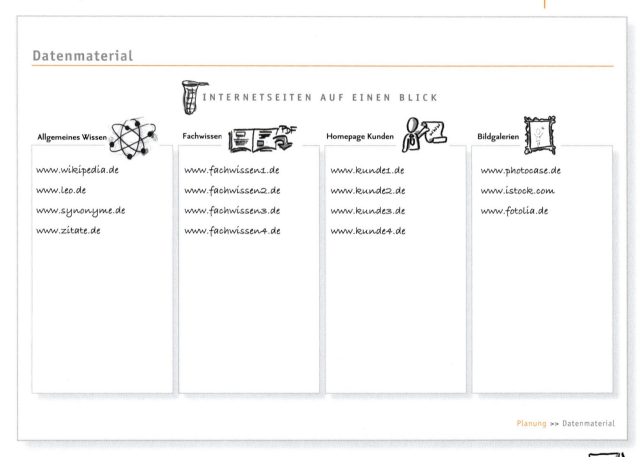

Handout
Datenmaterial

Datenmaterial bearbeiten

Beim Sichten des Datenmaterials gilt es, das Wesentliche vom Unwesentlichen zu trennen.

Dokumente bearbeiten mit einem durchgängigen Markierungssystem
Um sich rasch einen Gesamtüberblick anzueignen, ist es beim Sichten der Dokumente hilfreich, im Text systematisch

- Schlagwörter und Fachbegriffe,
- Thesen und Kerngedanken,
- wichtige Textstellen,
- Unverstandenes, Fragen und offene Punkte

hervorzuheben und zu betonen. So können Sie beim Zitieren des Autors wichtige Thesen und Kerngedanken und wichtige Textpassagen schneller finden. Setzen Sie Randbemerkungen ein, um Ihre eigenen Gedanken mit dem Gelesenen zu verknüpfen. Erarbeiten Sie sich ein individuelles Markierungssystem, indem Sie – ähnlich wie beim Mind-Mapping – Farben ins Spiel bringen und selbst definierte Kürzel verwenden.

Kerngedanken festhalten in Exzerpten
Ein **Exzerpt** ist die auszugsweise Wiedergabe eines Textes, sozusagen die Kurzversion des Autorenwerkes. Eine wichtige Grundregel beim Exzerptieren ist, immer am Originaltext zu bleiben und stets die Seite des Zitats anzugeben. Exzerpte sind wertvolle Hilfsmittel beim Aufbau von Fachwissen, denn sie

- trennen Wesentliches von Unwesentlichem,
- verhelfen zu kurzen und prägnanten Aussagen,
- ermöglichen ein schnelles Wiederfinden von Kerngedanken des Autors und ersparen somit das nochmalige Lesen.

In einem Exzerpt können Sie nun die zuvor markierten wichtigsten Gliederungspunkte, Argumente und Gedanken des Autors zusammenfassen und mit Ihren Kommentaren verbinden. Dazu gehören sowohl die Randnotizen, die Sie bei der Durchsicht des Autorenwerkes gemacht haben, als auch Beispiele aus der Praxis und Bezüge zu aktuellen Ereignissen.

Handout Exzerpt

Trennen Sie das Wesentliche vom Unwesentlichen. Erfassen Sie in Exzerpten die Kerngedanken des Autors und verknüpfen Sie sie mit Ihren eigenen Gedanken.

Exzerpt

Buchtitel	Menschliche Kommunikation
Autor	Paul Watzlawick
Verlag	Hans Huber ISBN 3-456-83457-8
Erscheinungsjahr	2000 (10. Auflage)

Seiten	Kerngedanken des Autors	Meine Anmerkungen
Seite 53	1. AXIOM Man kann nicht nicht kommunizieren.	Nonverbale Kommunikation
Seite 56	2. AXIOM Jede Kommunikation hat einen Inhalts- und einen Beziehungsaspekt derart, dass letzterer den ersteren bestimmt und daher eine Metakommunikation ist.	Eisbergmodell
Seite 61	3. AXIOM Die Natur einer Beziehung ist durch die Interpunktion der Kommunikationsabläufe seitens der Partner bedingt.	Wer war zuerst da? Das Huhn oder das Ei?
Seite 68	4. AXIOM Menschliche Kommunikation bedient sich digitaler und analoger Modalitäten. Digitale Kommunikationen haben eine komplexe und vielseitige logische Syntax, aber eine auf dem Gebiet der Beziehungen unzulängliche Semantik. Analoge Kommunikationen dagegen besitzen dieses semantische Potenzial, ermangeln aber der für eindeutige Kommunikationen erforderlichen logischen Syntax.	Puh! Schwer verdaulich!

Handout Exzerpt

Systematische Datenablage

Das hab ich doch irgendwo schon mal gelesen ..., nur wo? Ordnung ist das halbe Leben! Vermeiden Sie das Datenchaos – in Ihren Ordnern und auf Ihrem Computer.

Der dritte Schritt: systematisches Ordnen und Ablegen Ihres Datenmaterials. In den klassischen Papierordner gehören Ausdrucke wichtiger Artikel und andere Loseblattsammlungen. Der Ordner mit Hintergrundwissen, Zusatzwissen, Wissen aus angrenzenden Bereichen dient Ihnen als Nachschlagewerk. In diesem Ordner wird alles gesammelt, was inhaltlich fundiert ist und aus zuverlässigen Datenquellen entstammt. Betrachten Sie diesen Ordner als Ihre Schatzkiste, in der Sie bei Bedarf stöbern können. Machen Sie Ihren Ordner zu Ihrem eigenen Wissensdatenschatz – zu Ihrer eigenen *Wikipedia*.

Eine recht spezielle elektronische Ablageform, die ich Ihnen vorstellen möchte, nenne ich den *Mind-Map-Explorer*. Darunter verstehe ich eine Wissenslandkarte, auf der Sie alle Dokumente gleichzeitig sehen und aufrufen können. Auf dieser Wissenslandkarte können Sie

- zu Webseiten verlinken,
- zu anderen Mind-Maps verlinken,
- zu Ordnern und Dokumenten verlinken,
- zu Bildern und Fotos verlinken.

 Voraussetzung hierfür ist, dass Sie auf Ihrem PC ein Mind-Map-Programm installiert haben (*z.B. von der Firma Mindjet*). Ihr Vorteil: Sie rufen Ihre elektronische Mind-Map einmal auf und finden dort sozusagen *alles auf einen Klick*.

Mind-Map-Explorer des CD-Konzepts „Trainings planen und gestalten" mit Handouts, Chart-Vorlagen und Word-Dateien.

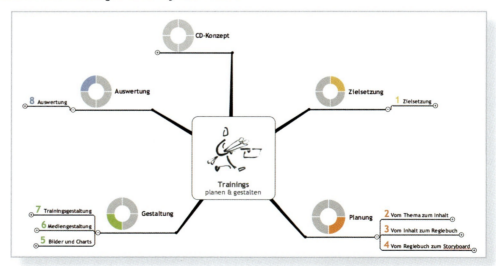

Datenmaterial sammeln

EXKURS Der Mind-Map-Explorer

Nutzen Sie ein Mind-Map-Programm, um Ihre Dokumente auf einen Blick mit einem Klick zu erreichen. Machen Sie Ihre Mind-Map zum Informationsportal.

Neben den klassischen handgefertigten Mind-Maps gibt es Mind-Map-Programme, um Mind-Maps elektronisch zu erstellen.

Elektronische Mind-Maps eignen sich gleichermaßen zum Erfassen von Ideen und Fakten, zum Planen und Organisieren. Sie können aber noch viel mehr: Sie können Dokumente verwalten. Anders als bei der klassischen Dokumentenvorlage durch Dateiordner haben Sie bei der Dokumentenverwaltung durch eine Mind-Map alle Dokumente im Blick und können von den Zweigen aus mit einem Klick ein Dokument öffnen.

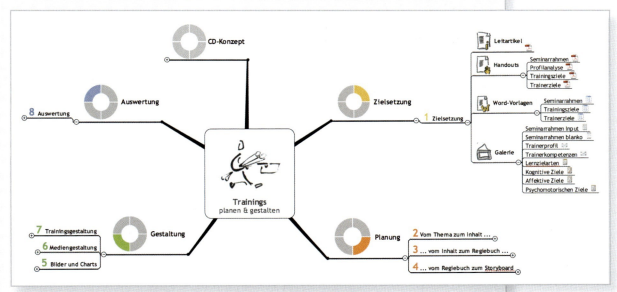

Mind-Map-Explorer des CD-Konzepts „Trainings planen und gestalten"

© managerSeminare

EXKURS Der Mind-Map-Explorer

Liste versus Mind-Map.

Dateiordner dienen zur Ablage Ihrer Dokumente. Aufgrund Ihrer Listenstruktur versagen sie allerdings ihren Dienst, wenn es darum geht, einen Überblick über alle Dokumente zu bekommen – Sie sehen immer nur einen kleinen Ausschnitt. Im Mind-Map-Explorer hingegen können Sie alle Dokumente auf einen Blick sehen und anklicken.

Klassische Dokumentenablage

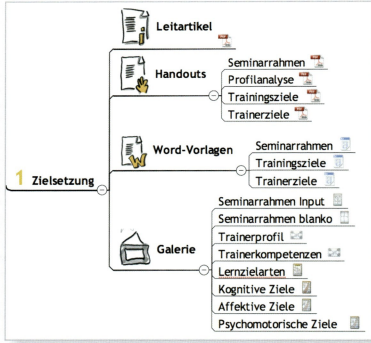

Dokumentenablage mit dem Mind-Map-Explorer

EXKURS Der Mind-Map-Explorer

Was sind Hyperlinks und wozu dienen sie?

Hyperlinks sind Verweise. Sie können damit auf Dokumente, auf Web-Adressen oder auf ganze Verzeichnisse verlinken. Das Ziel eines Hyperlinks erreichen Sie mit einem einfachen Klick. Wenn Sie einen Zweig mit einem Hyperlink versehen haben, wird am Zweig ein kleines Hyperlink-Symbol angezeigt.

In diesem Beispiel sehen Sie den Link zu einem PDF-Dokument. Der Pfad der Verknüpfung erscheint in einem kleinen gelben Kasten, sobald Sie mit dem Mauszeiger über das Hyperlink-Symbol wandern. Um das Dokument zu öffnen, klicken Sie einfach mit Ihrer Maus einmal auf das kleine Symbol.

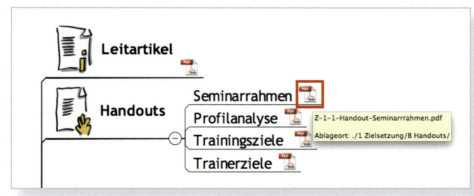

Verlinkung von Dokumenten im Mind-Map-Explorer

Achtung! Wenn Sie ein Dokument in Ihrer Ordnerstruktur verschieben oder es umbenennen, dann funktioniert ein Hyperlink zu diesem Dokument nicht mehr. Sie müssen den beschädigten Hyperlink dann reparieren bzw. die Verlinkung zu dem Dokument neu erstellen.

LERNMODULE BILDEN

Lerneinheiten zusammenstellen in Lernmodulen. Diese in einen logischen Ablauf bringen. Lernvolumen festlegen. Groben Zeitrahmen erstellen.

Sie haben nun das Rohmaterial zu Ihrem Thema recherchiert, gesammelt und bearbeitet. Das ist weitaus mehr Datenmaterial, als Sie Ihren Teilnehmern als Lerninhalte zur Verfügung stellen werden. Der nächste Schritt ist also, im Hinblick auf die Zielgruppe, die gesetzten Lernziele und den zur Verfügung stehenden Zeitrahmen geeignete Lerninhalte zu finden.

In diesem Kapitel geht es nun darum, in sich abgeschlossene Lerneinheiten zu modulieren, diese in einen logischen Zusammenhang zu stellen und Zeitansätze für die einzelnen Lerneinheiten festzulegen.

Lerneinheiten festlegen
So wie Sie ein Buch in Kapitel gliedern würden, legen Sie nun die Lerneinheiten Ihres Seminars fest. Die Lernmodule sind die eigenständigen und abgeschlossenen Kapitel in Ihrem Trainings-Drehbuch. *Wie bauen die Themen aufeinander auf? Wie tief und wie breit soll das Wissen pro Lernmodul sein?* Differenzieren Sie nun in jedem einzelnen Lernmodul zwischen Basis-, Aufbau- und Hintergrund- sowie Überblickswissen und legen Sie in jedem Lernmodul Feinziele fest.

Agenda aufstellen
Die Agenda ist das grobe Gerüst für Ihre weitere Planung. Die Agenda gibt an, mit welchen Zeitansätzen und in welcher Reihenfolge die einzelnen Lernmodule in Verbindung gebracht werden.

Lernmodule bilden

Lerneinheiten festlegen

Unsere größte didaktische Herausforderung als Trainer ist es, umfangreichen und komplexen Lernstoff so aufzubereiten, dass in einer begrenzten Zeit die wesentlichen Lerninhalte vermittelt werden können. Hinsichtlich des Umfangs besteht die erste Aufgabe darin, den gesammelten Themenstoff inhaltlich weiter zu reduzieren. *Was ist angesichts der gesetzten Lernziele wichtig? Was ist unwichtig? Welches sind die zentralen Lernthemen? Welche sind peripher?*

Bilden Sie mit der Cluster-Methode Lernmodule für Ihr Thema und legen Sie anschließend die Reihenfolge fest, in der die Lernmodule zum Einsatz kommen sollen. Die nächste wesentliche Entscheidung besteht darin, das **Lernvolumen** pro Lernmodul festzulegen, also die Tiefe und die Breite der Behandlung des Themas innerhalb der Lernmodule zu bestimmen.

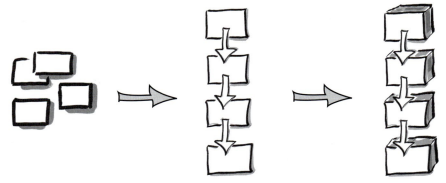

Bilden Sie für Ihr Seminar fünf bis sechs Lernmodule.

Legen Sie eine sinnvolle Reihenfolge der Module an.

Legen Sie das Lernvolumen fest. Wie tief und wie breit sollen die Lerninhalte aufbereitet sein?

Zwei spezielle Module stellen der **Seminareinstieg und -ausstieg** dar. Hier gestalten Sie den Übergang vom Alltag der Teilnehmer in die Welt des Seminars und von dort aus wieder in deren Alltag zurück. Am Anfang kommen alle Beteiligten mit Gefühlen der Unsicherheit und einem Bedürfnis nach Orientierung ins Seminar. An dieser Stelle ist es wichtig, Strukturen zu setzen, inhaltliche Orientierung und einen Raum für ein vertrauensvolles Miteinander zu schaffen. Feste Komponenten des Einstiegsmoduls sind: Begrüßung, Organisatorisches, Kennenlernen und Erwartungen, Ziele und Inhalte. So wie es eines gelungenen Einstiegs bedarf, so muss auch der Ausstieg aus dem Seminar gut gestaltet sein. Die Komponenten sind: Rückschau auf den eigenen Lernprozess, die Einleitung des Transfers in den Alltag, eine abschließende Feedback-Runde mit Verabschiedung.

© managerSeminare

Bausteine einer Modulbeschreibung

Mit Blick auf die Lernziele bilden Sie nun abgeschlossene Lernmodule.

Die Modulbeschreibung ist das Ergebnis von Bedarfsanalyse, Lernzielen und der Festlegung von Lerninhalten in Lernmodulen. Nehmen wir uns nun ein Lernmodul unter die Lupe. Füllen Sie Ihr Lernmodul mit Leben, indem Sie für jedes Modul Lernziele aufführen und diese mit den Lerninhalten verknüpfen. Die Bausteine eines Lernmoduls sind:

Kurze Modulbeschreibung
Beschreiben Sie, was in diesem Modul passiert – mit einfachen Worten, in fünf bis sechs Sätzen. Jeder, der diesen Text liest, sollte danach im Groben wissen, was ihn in diesem Modul erwartet.

Erkenntnisleitende Fragen
Formulieren Sie für sich erkenntnisleitende Fragen. Erschließen Sie sich das Gebiet mit Fragen: *Warum ist das so? Wie kann ich das erreichen? Wo will ich hin? Wie geht das?*

Modulziele
Ordnen Sie die bereits formulierten Seminarziele den Modulen zu. Verfeinern und spezifizieren Sie Ihre Ziele innerhalb des Moduls.

Inhalte / Themen
Führen Sie stichwortartig alle Begriffe, Themenbereiche und Inhalte des Lernmoduls auf.

Literatur und andere Quellen
Sammeln Sie die Quellen, aus denen Sie Ihr Wissen zu den Inhalten in Ihrem Modul beziehen: Bücher, Internetseiten, Artikel, ...

Die Modulbeschreibung können Sie als Kurzfassung auf eine einseitige Modulkarte bis zur detaillierten mehrseitigen Ausführung generieren. Beginnen Sie mit einer Modulkarte. Ergänzen und aktualisieren Sie diese im Laufe Ihrer Planungsphase um geeignete Methoden, Bildmaterial, Beispiele, ...

Lernmodule bilden

Handout Modulkarte

Erfassen Sie auf einer Modulkarte das Wesentliche zum Lernmodul. In diesem Beispiel sehen Sie eine Kurzbeschreibung zum Teilmodul „Axiome von Watzlawick":

Modulkarte

	Thema	Werteorientierte Kommunikation
	Modul	Elemente der Kommunikation
	Teilmodul	Axiome von Watzlawick

Modul-beschreibung	Der zentrale Satz von Watzlawick lautet: „Man kann nicht nicht kommunizieren"! Auch Schweigen ist Kommunikation!
Erkenntnis-leitende Fragen	- Was heißt eigentlich „Kommunikation"? - Wie kann man „nicht nicht kommunizieren"?
Modulziele	- Die Axiome von Watzlawick kennen, verstehen und mit Beispielen erklären können (K1) - Im Rollenspiel verschiedene Situationen nonverbal darstellen (P2)
Themen und Inhalte	Wichtige Schlüsselbegriffe für das Internet: Watzlawick, Axiome, Metaebene, Sach- und Beziehungsebene, nonverbale Kommunikation, ...
Literatur	Paul Watzlawick „Menschliche Kommunikation" – Exzerpt in /Exzerpte/Watzlawick/Kommunikation/ www.wikipedia.de/wiki/Paul_Watzlawick www.paulwatzlawick.de

Handout Modulkarte

© managerSeminare

Die Agenda

Mit der Agenda bilden Sie ein grobes zeitliches und inhaltliches Gerüst für Ihren Seminarablauf. Sie gewinnen somit eine Übersicht über die Abfolge der Lernmodule. Planen Sie zunächst in Halbtagen. Dabei orientieren Sie sich an den „großen vier Zeiten": *Wann beginnen wir morgens? Wann ist die Mittagspause? Wann geht es nachmittags weiter? Wann beenden wir den Seminartag?*

In der Agenda bekommt jedes Modul entsprechend seines Lernvolumens einen eigenen Zeitrahmen. Stellen Sie bereits erste Überlegungen an, welche Methoden in den einzelnen Lernmodulen zum Zuge kommen sollen – der Einsatz von Methoden nimmt neben dem eingeplanten Lernvolumen einen wesentlichen Einfluss auf Ihre Zeitplanung:

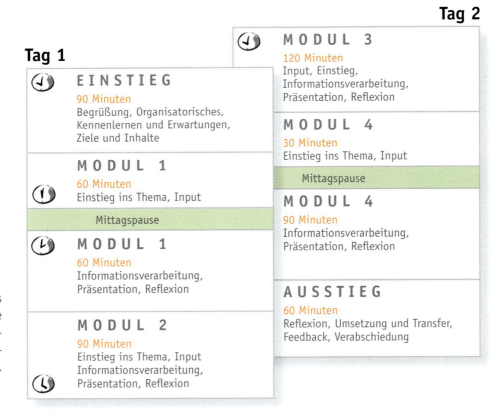

Die Agenda dient als grobes Raster für die Einteilung Ihrer Lernmodule in den vorgesehenen Zeitrahmen.

Lernmodule bilden

Handout Agenda

Sehen Sie hier die Agenda für das zweitägige Seminar „Werteorientierte Kommunikation" mit den Seminarmodulen „Einstieg" und „Ausstieg" sowie sechs Lernmodulen zum Thema.

Agenda

Veranstaltung
Titel: Werteorientierte Kommunikation
Ort: Hardegsen – Burghotel
Datum: 24. / 25. Juli 2011

1. TAG

Zeiten	Inhalte
10:00 – 11:30 90 Min.	**Einstieg** - Begrüßung – Orga – Kennenlernen - Erwartungen – Ziele – Inhalte
11:45 – 13:00 75 Min.	**Elemente der Kommunikation** - Axiome von Watzlawick - Nonverbale Kommunikation
14:00 – 15:30 90 Min.	**Kommunikationsmodelle** - Nachrichtenquadrat - Vier-Ohren-Modell
15:45 – 17:00 75 Min.	**Aktives Zuhören** - Technik des Aktiven Zuhörens - Gefühlskompass

2. TAG

Zeiten	Inhalte
10:00 – 11:30 90 Min.	**Rollenmodelle** - Rollen im Riemann-Modell - Mein Rollen- und Wertesystem
11:45 – 13:00 75 Min.	**Gesprächsstörer** - Gesprächsstörer wahrnehmen - Umgang mit Gesprächsstörern
14:00 – 15:30 90 Min.	**Gesprächsförderer** - Gesprächsförderer entwickeln - Gesprächsförderer anwenden
15:45 – 17:00 75 Min.	**Abschluss** - Reflexion und Transfer - Feedback und Verabschiedung

Planung >> Agenda

Handout Agenda

© managerSeminare

SEMINAR ANKÜNDIGEN

Seminarankündigungen lösen bei den Teilnehmern Erwartungen aus. Sie prägen auf diese Weise bereits im Vorfeld die Anfangssituation im Training.

Seminarbeschreibungen lösen Erwartungen aus
Mit einer Seminarbeschreibung bieten Sie Ihren Teilnehmern die Möglichkeit, sich im Vorfeld ein erstes Bild davon zu machen, was im Seminar inhaltlich auf sie zukommt, was sie lernen können und wie sie das Gelernte in ihre Praxis umsetzen können. Die Teilnehmer wollen kurzum wissen, was es ihnen nützt, Ihr Seminar zu besuchen.

Sie können davon ausgehen, dass Ihr Ausschreibungstext von Teilnehmer zu Teilnehmer individuell interpretiert wird und unterschiedliche Vorstellungen, Wünsche, Hoffnungen und Befürchtungen weckt. Bereits der Titel und einzelne Stichwörter beim Überfliegen des Textes lösen bei den Teilnehmern Assoziationen im eigenen Kontext aus.

Seminarbeschreibungen prägen die Anfangssituation
Anfangssituationen werden entscheidend geprägt durch die von der Ausschreibung geweckten Erwartungen. Die Teilnehmer erwarten, dass das eintritt, was sie sich aufgrund der Seminarankündigung vorgestellt haben. Ihre Aufgabe in Anfangssituationen wird sein, die Erwartungen abzufragen und den Teilnehmern gleich zu Beginn deutlich zu machen, was im Seminar an Realität zu erwarten ist. Andernfalls werden Ihre Teilnehmer wegen unerfüllter Erwartungen im Verlauf des Seminars enttäuscht sein.

Ziel ist eine klare und konkrete Formulierung
Im Vorfeld eine realistische Erwartungshaltung bei den Teilnehmern zu erreichen – dies ist das zentrale Ziel bei der Gestaltung des Ausschreibungstextes. Je klarer und konkreter Sie den Text verfasst haben, umso realistischer werden die Anfangserwartungen im Seminar sein. Sie haben sich bereits bei der Gestaltung des Trainingsrahmens im Vorfeld überlegt: *Was könnten die Teilnehmer erwarten, wenn sie den Seminartitel lesen?* Stimmen Ihre hypothetisch erfassten Teilnehmererwartungen mit Ihren Seminarzielen überein? Formulieren Sie den Ausschreibungstext derart, dass Sie Ihre Teilnehmer bei ihren Vorstellungen, Wünschen und Hoffnungen *abholen*, sofern diese mit Ihren eigenen Vorstellungen übereinstimmen. Mein Tipp: Geben Sie die Seminarbeschreibung Bekannten zu lesen und fragen Sie nach den Erwartungen, die der Text bei ihnen auslöst.

Bausteine einer Seminarbeschreibung

Die Seminarbeschreibung ist das Ergebnis bzw. das Abbild von Bedarfsanalyse, Lernzielen und der Festlegung von Lerninhalten in Lernmodulen. Im Folgenden finden Sie eine Auflistung der Bausteine, die für eine Seminarbeschreibung wichtig sind. Die Daten dazu haben Sie bereits in der Bedarfsanalyse gesammelt, Lernziele sind schon formuliert und die Lerneinheiten in Modulen festgelegt.

Titel
Der Seminartitel entscheidet, ob ich weiterlese. Titel, Schlüsselwörter und Kernsätze sollten kurz, prägnant und einladend sein. Keine Füllfloskeln, keine Worthülsen, keine abgegriffenen Standards! Gegebenenfalls mit Untertiteln arbeiten.

Situationsbeschreibung
Holen Sie die Teilnehmer in ihrer Situation, in ihren Erwartungen, in ihren Bedürfnissen ab. Erzeugen Sie Fantasien, wo es hingehen könnte.

Zielgruppe
Wen sprechen Sie an? Geben Sie genau die Zielgruppe an. Schreiben Sie, welche Voraussetzungen Ihre Teilnehmer mitbringen müssen. Benennen Sie gegebenenfalls auch diejenigen, die nicht kommen sollen. Geben Sie die Mindest- und Maximalgröße der Gruppe an.

Ziele / Inhalte / Themen
Benennen Sie die Inhalte und Themen, um die es in Ihrem Seminar geht. Die Inhalte und Themen haben Sie zuvor stichpunktartig in Ihren Modulkarten aufgeführt. Übernehmen Sie Ihre Aufzeichnungen einfach. Führen Sie diese in Aufzählungspunkten auf, das erscheint dem Leser übersichtlicher.

Nutzen
Führen Sie den Nutzen für den Teilnehmer auf. Was hat er am Ende davon, wenn er Ihr Seminar besucht hat? Nutzen zielt immer ab auf Verbesserung eines Zustandes (*Verbesserte Kommunikation im Privat- und Berufsleben*), Erhaltung eines Zustandes (*Erhaltung der Gesundheit*), Wiederherstellung eines Zustandes (*Wiederherstellung der Balance zwischen Beruf und Alltag*), Vermeidung eines Zustandes (*Vermeidung von Konfliktsituationen*).

Zeiten
Nennen Sie den Termin. Geben Sie für die Seminartage die Anfangs- und Endzeiten an.

Ort
Geben Sie den Ort an – mit Adresse, Telefon, Raumnummer sowie ggf. Ansprechpartner vor Ort.

Kosten

Kosten pro Person mit Angabe über Mehrwertsteuer. Geben Sie an, was in den Kosten enthalten ist (Teilnehmerskript, Fotoprotokoll, Materialien, ggf. Pausenerfrischungen, Übernachtungskosten, ...)

Wie gestalte ich die Seminarbeschreibung aus den Bausteinen?
Sie können diese Bausteine nun in beliebiger Reihenfolge kombinieren und gestalten, je nachdem, für welches Format Sie sich entscheiden, ob gefalteter Flyer, DIN-A4-Seite im Hochformat oder Querformat, einspaltig oder zweispaltig, ...

Seminar ankündigen

Handout Seminarbeschreibung
Benennen Sie im Ausschreibungstext alle Informationen, die die Teilnehmer brauchen, um sich ein gutes Bild zu machen, was im Seminar auf sie zukommt.

Seminarbeschreibung

Veranstaltung
Titel: Werteorientierte Kommunikation
Ort: Hardegsen – Burghotel
Datum: 24. / 25. Juli 2011

Adresse
Burghotel
Burgstrasse 22
31415 Hardegsen

Zeiten
10 – 17 Uhr

Zielgruppe
Für alle, die ihr kommunikatives Verhalten sensibilisieren und erweitern möchten, um mit ihren Mitmenschen respektvoller und wertschätzender umzugehen
Voraussetzungen: Keine

Seminarbeschreibung
Konflikte zwischen zwei Menschen sind häufig auf ihre zugrunde liegenden unterschiedlichen Wertesysteme zurückzuführen. Wenn es uns gelingt, diese Wertekonflikte zu erkennen, können wir dem eigentlichen Konflikt konstruktiv begegnen, indem wir unseren Gegenüber mit seinen Einstellungen und Meinungen besser wertschätzen lernen ...

Seminarziele
- Wahrnehmung in Gesprächen sensibilisieren
- Erkennen, welche Werte angesprochen werden
- Gesprächsstörer erkennen und darauf reagieren
- Gesprächsförderer gezielt einsetzen

Nutzen
Eine verbesserte Kommunikation in Ihrem Berufs- und Privatleben

Kosten
999,99 Euro zzgl. Mehrwertsteuer

Handout
Seminarbeschreibung

© managerSeminare

IN DIE NÄCHSTE PLANUNGSPHASE

Dies war nun der 1. Akt der Planungs-Trilogie. Vorhang zu! Was ist geschafft und wie geht es weiter?

 **Mit welchen Ergebnissen gehen Sie in die nächste Planungsphase?**
Was ist geschafft? Sie verfügen nun über ein fundiertes und aktuelles Wissen rund um Ihr Seminarthema. Sie haben auf Basis Ihrer Rahmenbedingungen und der Lernziele aus Ihrem Wissensrepertoire passende Lerninhalte ausgewählt und diese in einen sinnvollen Zusammenhang gebracht:

 Auf **Exzerptbögen** haben Sie die wichtigsten Gliederungspunkte, Argumente und Gedanken der Rohtexte erfasst.

 Auf **Lernmodulkarten** finden Sie alle relevanten Informationen und Quellen rund um das Lernmodul.

 Eine **Agenda** dient Ihnen als grobes Zeitgerüst und beschreibt den Ablauf und das Lernvolumen der Lernmodule.

 In der **Seminarbeschreibung** stehen alle Informationen, die die Teilnehmer brauchen, um sich ein Bild zu machen, was im Seminar auf sie zukommt.

Was Sie als Nächstes erwartet
Im 2. Akt der Planungs-Trilogie werden Sie die Lerninhalte, die bislang noch als „Rohmaterial" vorliegen, didaktisch aufbereiten und zu den Lerninhalten die passenden Medien und Methoden auswählen. Sie werden erfahren, wie Sie die einzelnen Lernmodule derart verknüpfen, sodass Sie einen Spannungsbogen erzeugen. Am Ende steht ein fertiges Regiebuch. Vorhang auf für den 2. Akt!

IHRE NOTIZEN

Notieren Sie sich auf dieser Seite alle Informationen, die Ihnen in diesem Kapitel wichtig waren oder die Sie inspiriert haben.

Planung

VOM INHALT ZUM REGIEBUCH

2. Akt – Vom Inhalt zum Regiebuch   **78**

Didaktische Reduktion   **80**
Verständlichkeitskriterien

Der Methodenkoffer   **82**
Lernen mit allen Sinnen
Erfahrungsorientiertes Lernen
Auswahl an Methoden und Techniken
Wahl der Sozialform
Medienwahl
Methodenmix im Lernmodul
Bausteine der Methodenbeschreibung

Das Regiebuch   **96**
Der Regiebogen

In die nächste Planungsphase   **100**

2. AKT – VOM INHALT ZUM REGIEBUCH

Vom Thema zum Inhalt, vom Inhalt zum Regiebuch und vom Regiebuch zum Storyboard – eine Dramaturgie in drei Akten.

Was passiert im 2. Akt?
In diesem Kapitel beschäftigen wir uns nun mit den Fragen: *Wie kann ich mein Seminar lebendig und spannend gestalten? Wie erzeuge ich einen Spannungsbogen? Welche Methoden und Medien eignen sich am besten für die Vermittlung, Verarbeitung und Präsentation des Lernstoffs?*

Am Ende stehen Ihnen zwei weitere Planungsinstrumente zur Verfügung:

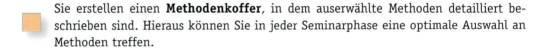

Sie erstellen einen **Methodenkoffer**, in dem auserwählte Methoden detailliert beschrieben sind. Hieraus können Sie in jeder Seminarphase eine optimale Auswahl an Methoden treffen.

In einem **Regiebuch** erstellen Sie für jedes Modul einen Regiebogen, in dem detailliert beschrieben wird, wie und in welchem Zeitrahmen die Lerninhalte vermittelt werden.

Vom Inhalt zum Regiebuch

Die Reiseroute durch den 2. Akt

Setzen Sie Ihre dreiteilige Entdeckungstour durch die Trilogie des Planens fort. Hier ist der nächste Abschnitt dieser Tour:

1. Didaktische Reduktion

Ziel ist die Zurückführung komplexer Sachverhalte auf die wesentlichen Elemente, um sie für die Teilnehmer überschaubar und begreifbar zu machen.

Vier Verständlichmacher
- Einfachheit
- Gliederung und Ordnung
- Kürze und Prägnanz
- anregende Zusätze

Ziel dieses Kapitels ist es, Lerninhalte verständlich und einprägsam zu vermitteln und das Seminar spannend zu gestalten.

2. Methodenkoffer

Lernen ist individuell. Ziel ist, Lerninhalte so zu vermitteln, dass alle Lerntypen gleichermaßen angesprochen werden.

Lernstile
- visuell
- auditiv
- kinästhetisch

Lernphasen
- Konkrete Erfahrung
- Beobachtung & Reflexion
- Abstrakte Begriffsbildung
- Aktives Experimentieren

Lerntypen nach Kolb
- Diverger
- Assimilator
- Converger
- Akkomodator

Ziel ist die Erstellung eines umfangreichen Methodenkoffers.

Methoden-Repertoire für
- Seminareinstieg
- Lernmodulgestaltung
- Auflockerung
- Seminarausstieg

Methoden-Mix im Lernmodul
- Moduleinstieg
- Informationsaufnahme
- Informationsverarbeitung
- Ergebnispräsentation
- Bewertung und Reflexion
- Modulausstieg

3. Regiebuch

Ziel ist, für jedes Modul einen detailliert beschriebenen Ablaufplan (Regiebogen) zu erstellen.

Bausteine eines Regiebogens
- Zeiten
- Lernmodulziele und -inhalte
- Methoden und Sozialform
- Medienform und Visualisierung

© managerSeminare

DIDAKTISCHE REDUKTION

Die Zurückführung komplexer Sachverhalte auf die wesentlichen Elemente, um sie für die Teilnehmer überschaubar und begreifbar zu machen.

Im ersten Akt haben wir uns ein fundiertes und aktuelles Wissen rund um das Seminarthema angeeignet sowie auf Exzerptbögen das Wesentliche vom Unwesentlichen getrennt. Der weitaus schwierigere Teil kommt nun: *Wie bereite ich die Inhalte derart auf, dass sie mundgerecht, gut verdaulich und verständlich für die entsprechende Zielgruppe sind?*

Ziel ist, die Teilnehmer nicht mit der Fülle des fachlichen Detailwissens zu erschlagen, sondern sie schrittweise in die Komplexität des Themas einzuführen. Es geht also darum, komplexe Sachverhalte zu vereinfachen, um den Teilnehmern eine zielgruppengerechte Vermittlung des jeweiligen Lerninhaltes zu ermöglichen. Die didaktische Reduktion führt dabei komplexe Sachverhalte auf ihre wesentlichen Elemente zurück, um sie für Lernende überschaubar und begreifbar zu machen.

Didaktische Reduktion – wie funktioniert das?
Eine grundlegende Voraussetzung ist die Fähigkeit des Trainers, sich in das (vermutete) Nichtwissen des Gegenübers hineinversetzen zu können. Im ZEN-Buddhismus nennt man dies *„den Anfängergeist bewahren"*. Gemeint ist eine grundlegende Geisteshaltung, als würden wir etwas zum ersten Mal sehen oder hören. Mit dieser Haltung sind wir offen für Fragestellungen zu einem uns bereits selbstverständlich erscheinenden Sachverhalt. Und wir sind in der Lage, grundlegende Fragen mit einfachen Worten plausibel zu erklären.

Hier nun ein paar Tipps:

- Erklären Sie – Schritt für Schritt – vom Groben ins Feine, vom Einfachen zum Komplexen, vom Konkreten zum Abstrakten und vom Abstrakten wieder zum Konkreten.
- Nehmen Sie bei der Beschreibung des Sachverhalts Beispiele, Metaphern und Analogien zu Hilfe, knüpfen Sie an alltägliche Erfahrungen an.
- Untermauern Sie Ihre Ausführungen durch Veranschaulichungen in Form von Bildern, Abbildungen, Modellen und Grafiken.

Didaktische Reduktion

Verständlichkeitskriterien

Hilfreich ist die Überprüfung der Lerninhalte in Bezug auf die **vier Verständlichmacher**: Klarheit, Struktur, Kürze, Anregungen. Überprüfen Sie Ihre Texte hinsichtlich der aufgeführten Punkte in der Tabelle. Dies betrifft sowohl die verbale Stoffvermittlung als auch das präzise Anleiten von Übungen und das Formulieren von Texten für Ihr Teilnehmerskript.

Einfachheit	Kompliziertheit
■ einfache Darstellung ■ kurze, einfache Sätze ■ geläufige und kurze Wörter ■ Fachausdrücke erklären ■ konkret und anschaulich	■ komplizierte Darstellung ■ lange, verschachtelte Sätze ■ ungeläufige, zusammengestellte Wörter ■ Fachausdrücke nicht erklärt ■ abstrakt und unanschaulich

Gliederung – Ordnung	ungegliedert, zusammenhanglos
■ gegliedert ■ aufeinander aufbauend – roter Faden ■ übersichtlich ■ Wesentliches ist von Unwesentlichem unterscheidbar	■ ungegliedert ■ zusammenhanglos – wirr ■ unübersichtlich ■ Wesentliches ist nicht von Unwesentlichem unterscheidbar

Kürze, Prägnanz	weitschweifig
■ kurz und knapp ■ auf das Wesentliche beschränkt ■ auf das Lernziel konzentriert	■ lang und weitschweifig ■ viel Unwesentliches ■ abschweifend

anregende Zusätze	keine anregenden Zusätze
■ anregend und interessant ■ abwechslungsreich ■ persönlich ■ Beispiele, Geschichten, Anekdoten, Analogien, Metaphern, Kurioses, …	■ nüchtern und farblos ■ eintönig ■ unpersönlich ■ Fakten, Zahlen, Definitionen

*Was immer du schreibst:
schreibe kurz –
und sie werden es lesen
schreibe klar –
und sie werden es verstehen
schreibe bildhaft –
und sie werden es
im Gedächtnis behalten.*

Josef Pulitzer

Buchtipp
Lesen Sie dazu mehr in „Die vier Verständlichmacher" (Schulz von Thun)

© managerSeminare

DER METHODENKOFFER

Ziel ist, eine geeignete Auswahl an Methoden und Medien zu treffen, um die Lerninhalte an die Zielgruppe zu vermitteln.

Der didaktische Rahmen ist gesetzt: Lernziele und Lerninhalte stehen fest. Die Methodik beschäftigt sich nun mit der Fragestellung: *„Wie vermittle ich die Lerninhalte? Welche Methoden setze ich in welchen Lernsituationen ein?"* Viele Wege führen bekanntlich nach Rom. Ebenso bieten die verschiedenen Methoden nun unterschiedliche Lernwege an. Die Auswahl der Methode stellt somit ein Optimierungsproblem dar.

Unterschiedliche Lernstile beachten

Lernen ist ein individueller Vorgang. Jeder Teilnehmer besitzt individuelle Lernstrategien und -gewohnheiten, einen individuellen Zeitbedarf sowie individuelle Interessen und Erfahrungen. Es kommt darauf an, Lernbedingungen so zu schaffen und Lernprozesse so zu gestalten, dass alle unterschiedlichen Lernstile angesprochen werden.

Die Qual der Wahl: Welche Methoden setze ich ein?

In einem durchdachten Trainingskonzept werden Ziele, Inhalte, Methoden und Techniken in einen sinnhaften Zusammenhang gebracht. Methoden orientieren sich stets an den Lernzielen und dienen zu deren Verwirklichung. Nicht jede Methode eignet sich gleichermaßen in jeder Situation. Damit wir uns bei der Wahl von Methoden und Techniken nicht den Vorwurf der Willkür einhandeln, müssen wir deren Einsatz stets begründen können.

Ziele	z.B. Erweiterung von Kommunikationskompetenzen
Inhalte	z.B. Selbst- und Fremdwahrnehmung
Methode	z.B. Kommunikationsmethode
Techniken	z.B. Feedback-Technik
Begründung	z.B. Warum setze ich diese Feedback-Technik in dieser Situation ein?

Die Frage nach der richtigen Methode in Bezug auf die jeweilige Trainingssituation kann also nur in Abwägung der verschiedenen Randparameter getroffen werden: Zielgruppe, Zeitrahmen, Raumausstattung spielen dabei gleichwohl eine wichtige Rolle. Um ein Training spannend zu gestalten, ist ein Methoden-Mix angesagt – dafür lernen wir an späterer Stelle die **Sandwich-Methode** kennen. Für den Abwechslungsreichtum benötigen wir einen breiten Fundus an Methoden. Legen Sie sich hierzu einen **Methodenkoffer** an. Die Bausteine dafür stehen Ihnen am Ende dieses Kapitels zur Verfügung.

Lernen mit allen Sinnen

Lernstrategien können über die Ausprägung der Wahrnehmungskanäle in visuelle, auditive und kinästhetische Lerntypen unterteilt werden. Wir nutzen unsere Aufnahmekanäle unterschiedlich stark. Welche besonders ausgeprägt sind und welche wir bevorzugen, kommt häufig in unserer Sprache zum Ausdruck:

Visueller Lerntyp
„Ich hab mir da noch kein Bild von machen können …"
Der visuelle Lerntyp kann Lerninhalte schneller aufnehmen und besser behalten, wenn ihm die betreffende Information in Form eines Bildes oder einer grafischen Darstellung präsentiert wird. Günstige Lernformen sind Mind-Mapping, Erstellen von Übersichten, Modellen und Grafiken, …

Auditiver Lerntyp
„Das hört sich für mich logisch an …", „Das klingt stimmig."
Beim auditiven Lerntyp prägt sich der neue Lernstoff am besten über das Gehör ein. Günstige Lernformen sind Vortrag, Diskussion, Audio-CD, …

Kinästhetischer Lerntyp
„Das fühlt sich für mich gut an …", „Von meinem Stand aus …"
Der kinästhetische Lerntyp neigt dazu, Informationen in eine Form zu überführen, die er anfassen oder körperlich spüren kann. Günstige Lernformen sind Malen, Formen und Gestalten, Experimentieren und Ausprobieren, Bewegung, Rollenspiele und Aufstellungen, …

Setzen Sie in Ihrem Seminar vielfältige Methoden und Medien ein, um alle drei Wahrnehmungskanäle anzusprechen.

Erfahrungsorientiertes Lernen

Erfahrungsorientiertes Lernen findet in einem Lernkreislauf statt.

Nehmen Sie an, Sie haben eine neue Spiegelreflexkamera und möchten nun lernen, damit professionelle Fotos zu schießen. Wie gehen Sie vor? Beobachten Sie zunächst bei einem erfahrenen Fotografen, wie dieser mit einer Spiegelreflexkamera umgeht? Beginnen Sie Ihr Lernprojekt damit, dass Sie zunächst einmal das Prinzip einer Spiegelreflexkamera verstehen wollen? Oder nehmen Sie sich zuerst die Gebrauchsanweisung vor und gehen diese Schritt für Schritt durch? Vielleicht aber gehören Sie auch zu den Menschen, die ihre neue Kamera auspacken, einfach loslegen und durch Ausprobieren erste Erfahrungen sammeln?

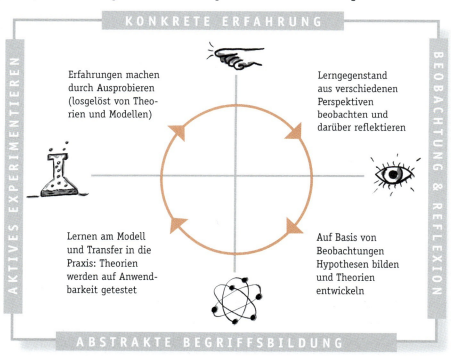

Das Modell wurde von David Kolb (1984) entwickelt.

Das Modell sagt aus, dass erfahrungsorientiertes Lernen an jeder beliebigen Stelle eines Lernkreislaufs beginnen kann. Konkrete Erfahrungen können den Ausgangspunkt eines Lernprozesses bilden. Auf Basis einer Erfahrung wird ein Lerngegenstand dann von verschiedenen Seiten beobachtet und reflektiert. Anschließend werden Theorien aufgestellt, in denen die konkreten Erfahrungen abstrahiert werden. Beim aktiven Experimentieren wird das neu erworbene Wissen in der Praxis getestet und angewendet. Hierdurch werden wieder neue konkrete Erfahrungen möglich ...

Lernstile im erfahrungsorientierten Lernen

Lernen ist individuell: Manche Menschen lernen primär durch Erfahrungen, andere eher durch Beobachtungen, durch Analyse oder durch Learning by Doing:

Betrachten wir zunächst die beiden Lernstile, deren Gemeinsamkeit darin besteht, dass sie die passiven Lernformen bevorzugen, insbesondere Vorlesungen, Input, Präsentationen – alle Lernformen also, bei denen sich die Lernenden zunächst zurückhalten können, um ihren eigenen Beobachtungen und Theorien nachzugehen:

Beobachter

Divergierer bevorzugen konkrete Erfahrungen und reflektiertes Beobachten. Ihre Stärken liegen in ihrem *divergenten* (ausstreuenden), offenen Denken und in der Fähigkeit, konkrete Situationen aus vielen Perspektiven zu betrachten. Sie zeichnen sich durch ihre Vorstellungskraft und ihren Ideenreichtum aus. In Trainingssituationen sind Divergierer deshalb in Brainstorming-Phasen wertvolle Ideengeber. In Gruppensituationen sind sie zunächst zurückhaltend und benötigen ausreichend Zeit für Betrachtungen und die Verarbeitung von Eindrücken.

Theoretiker

Assimilierer bevorzugen reflektiertes Beobachten und abstrakte Begriffsbildung. Ihre Stärken liegen in der Entwicklung von theoretischen Modellen. Ihr Lernverhalten geht vom Konkreten zum Abstrakten. Ihnen ist wichtig, dass Theorien wissenschaftlich fundiert, widerspruchsfrei aufgestellt und präzise formuliert sind. Sie besitzen die Fähigkeit, Beobachtungen und Erfahrungen in einer Theorie oder in einem Modell zu bündeln (zu verbinden, zu *assimilieren*). In Trainingssituationen werden Assimilierer häufiger kritisch nachfragen und vom Trainer vorgestellte Modelle infrage stellen.

Die nächsten beiden Lernstile haben gemeinsam, dass sie auf aktive Lernformen ansprechen wie zum Beispiel Gruppenarbeit oder Rollenspiele – ganz nach dem Motto *„Probieren geht über Studieren"* –, alle Lernformen also, bei denen sie sofort loslegen und in Aktivität sein können:

Tester

Konvergierer bevorzugen abstrakte Begriffsbildung und aktives Experimentieren. Ihre Stärken liegen in der praktischen Anwendung von Modellen, Theorien und Konzepten. Ihr Lernverhalten geht vom Abstrakten zum Konkreten. Konvergierer brauchen in Seminaren eine klare Struktur und einen roten Faden, an dem sie sich orientieren können. Sie lernen am besten „am Modell", machen gern nach und setzen Theorie in Praxis um.

Macher

Akkomodierer bevorzugen aktives Experimentieren und konkrete Erfahrungen. Ihre Stärken liegen darin, Pläne spontan in die Tat umzusetzen. In Seminaren bieten sie sich gern als „freiwilliges Versuchskaninchen" an. Sie neigen zu intuitiven Problemlösungen (*Trial-and-Error*) und lesen in der Regel keine Gebrauchsanweisungen. Akkomodierer sind schnell ungeduldig und wollen gern sofort loslegen („*Ich mach das jetzt einfach mal!*"). Akkomodierer kommen schnell mit Menschen in Kontakt und arbeiten gern in Gruppen.

Fazit: Das Modell macht deutlich, warum Schwierigkeiten in Lerngruppen auftauchen können, wenn Sie sich auf nur eine Lernform beschränken: Manche Menschen lernen eben primär durch Erfahrungen, andere eher durch Beobachtungen, durch Analyse oder durch Learning by Doing. Einen dynamischen Lernprozess zu gestalten bedeutet also, verschiedene Phasen des Lernprozesses zu beachten: aktive und reflexive Phasen, erfahrungs- und theoriebetonte Phasen.

Der Methodenkoffer

Kleiner Selbsttest
Überprüfen Sie, welche Ausprägungen der Lernstile in Ihrem persönlichen Lernstil überwiegen und welche Lernumgebung Sie selbst bevorzugen.

trifft sehr zu — trifft gar nicht zu

Diverger der Beobachter

Ich brauche viel Raum für das Äußern von Erfahrungen und Gefühlen.

Ich benötige viel Zeit, um mich anderen Teilnehmern anzunähern.

Ich benötige viel Zeit für Betrachtungen und Verarbeitung von Eindrücken.

Assimilator der Theoretiker

Ich brauche deutliche Zielsetzung und klare Strukturen.

Ich benötige viel Raum, um wissenschaftliche Hintergründe zu erfragen.

Ich benötige viel Zeit, um Beobachtungen in eigene Theorien einzuordnen.

Converger der Planer

Ich brauche eine klare Struktur und einen roten Faden zur Orientierung.

Ich benötige Methoden und Werkzeuge, um Theorie in Praxis umzusetzen.

Ich brauche Raum, um mit Lösungen experimentieren zu können.

Akkomodator der Macher

Ich biete mich immer gern als freiwilliges „Versuchskaninchen" an.

Ich suche stets herausfordernde und spannende Situationen.

Ich lerne am besten in Gruppenarbeit beim Austausch mit anderen Teilnehmern.

© managerSeminare

Auswahl an Methoden und Techniken

Erstellen Sie sich einen persönlichen Fundus an Methoden und Techniken für jede Lernsituation. Methoden für aktive und reflexive sowie erfahrungs- und theoriebetonte Lernphasen lassen sich wie folgt in vier Hauptkategorien einordnen:

Seminareinstieg
Methoden und Techniken, um in Anfangssituationen Orientierung zu bieten, das zu Eis brechen, Unsicherheiten und Ängste abzubauen:

- Kennenlernspiele
- Kennenlernen zu zweit oder in Kleingruppen
- Aufstellungen bei größeren Gruppen

Lernmodulgestaltung
Methoden und Techniken für die Informationsaufnahme und -verarbeitung sowie Ergebnispräsentation und Reflexion:

- Trainer-Input und Impulsreferate von Teilnehmern
- Fallarbeit in Gruppen
- Rollenspiele in Gruppen oder im Plenum

Auflockerung
Methoden für Übergänge zwischen den Lernmodulen, für Entspannung, Erholung und Bewegung:

- Spiele
- Auflockerungs- und Bewegungsübungen
- Entspannungsübungen

Seminarausstieg
Methoden und Techniken, um in Abschluss-Situationen Rückblick auf das Seminar und Ausblick auf den Transfer des Erlernten in den beruflichen Alltag zu bieten:

- Methoden für Reflexion und Transfer
- Feedback-Methoden
- Verabschiedungsrituale

Der Methodenkoffer

Handout Methodenkoffer – Überblick
Verschaffen Sie sich auf dieser Seite einen Überblick über alle Methoden, die Sie in Ihren Trainings einsetzen.

Methodenkoffer

ALLES AUF EINEN BLICK: MEIN METHODENKOFFER

Seminareinstieg
- Wölkchen-Methode
- Kennenlern-Matrix
- Aufstellung
- Bildergalerie
- Paar-Interview
- Steckbrief

Lernmodulgestaltung
Arbeit im Plenum:
- Trainer-Input
- Impulsreferate
- Brainstorming
- Ideenkorb

Fallarbeit in Gruppen:
- Gesprächsstörer finden

Rollenspiele:
- Nonverbale Kommunikation
- Mitarbeitergespräch
- Reklamationsgespräch
- Konfliktgespräch
- ...

Auflockerung
Spiele:
- Evolutionsspiel
- Wer ist wer?

Bewegungsübung:
- Körper beklopfen

Entspannung
- Gehmeditation
- Fantasiereise

Seminarausstieg
Reflexion:
- Schatzkarte
- Walk and Talk

Feedback:
- Ball zuwerfen
- ...

Planung >> Methodenkoffer

Handout Methodenkoffer

© managerSeminare

Wahl der Sozialform

Die Wahl der Sozialform steht mit der Festlegung der Methode im direkten Zusammenhang. Wir unterscheiden drei Spielarten der Sozialform: Die Arbeit in der Gesamtgruppe (*Plenum*), die Arbeit in Untergruppen (*Kleingruppenarbeit, Partnerarbeit*) und die Arbeit allein (*Einzelarbeit*):

Das **Plenum** ist zentraler Ausgangspunkt für die dezentralen Arbeitsphasen. Vom Plenum aus wird die Gesamtgruppe in kleinere Sozialformen unterteilt. Im Plenum werden später die Ergebnisse wieder zusammengetragen und präsentiert. In der **Gruppenarbeit** können Lerninhalte vertiefend bearbeitet werden. In **Einzelarbeit** werden diejenigen Lerninhalte vertiefend bearbeitet, die einen geschützten Rahmen brauchen.

Sozial-
formen

Methoden in Einzelarbeit
- Selbststudium
- Tests und Fragebogen
- Selbstreflexion
- Lerntagebuch
- ...

Methoden im Plenum
- Trainer-Input
- Brainstorming
- Moderierte Gruppendiskussion
- Ergebnispräsentation
- Rollenspiele
- Auflockerungsspiele
- Körper- und Entspannungsübungen
- ...

Methoden in Kleingruppen
- Fallbearbeitung
- Erfahrungsaustausch
- Brainstorming
- Reflexion
- Rollenspiele
- ...

Entscheiden Sie, in welcher Sozialform die Methode angewendet wird. Nicht jede Sozialform eignet sich gleichermaßen.

Medienwahl

In Zusammenhang mit der Festlegung der Methode und der Sozialform steht die Wahl der Medien. Hier werden die „klassischen Drei" betrachtet: Die Arbeit am Flipchart (*im Plenum*), die Arbeit mit Pinnwänden (*in Kleingruppenarbeit*) und die Präsentation mit PC und Beamer (*im Plenum*):

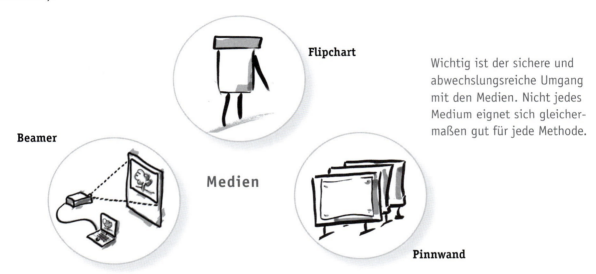

Wichtig ist der sichere und abwechslungsreiche Umgang mit den Medien. Nicht jedes Medium eignet sich gleichermaßen gut für jede Methode.

Flipchart
Eignet sich gut für Trainer-Input und für das Präsentieren vorbereiteter oder situativ entwickelter Flipcharts, z.B. Agenda, Arbeitsinstruktionen, Spielregeln, ...

Pinnwand
Pinnwände eignen sich gut für interaktives Arbeiten in Gruppen. Faustregel: 1/2 Pinnwand pro Teilnehmer einplanen. Benötigtes Material für die Arbeit mit Pinnwänden: Pinnwandpapier (weiß oder braun), Moderationskarten, Moderationsstifte.

Beamer
Für komplexere Zusammenhänge, hohen Fach-Input, kompliziertere Abbildungen ... Geeignet für die Präsentation von PowerPoint-Folien, Filmen etc., aber nicht geeignet für interaktives Zusammenarbeiten oder Behalten von Inhalten in Lernsituationen.

Methodenmix im Lernmodul

Nehmen Sie nun ein Lernmodul einmal genauer unter die Lupe und lernen Sie hier die **Sandwich-Methode** kennen. Ein Lernmodul kann man sich vorstellen wie ein reichhaltig belegtes Sandwich: Zwischen den Toastscheiben Einstieg und Ausstieg liegen die entsprechenden Zutaten zur Informationsaufnahme und -verarbeitung, der Ergebnissicherung sowie der Reflexion und Bewertung:

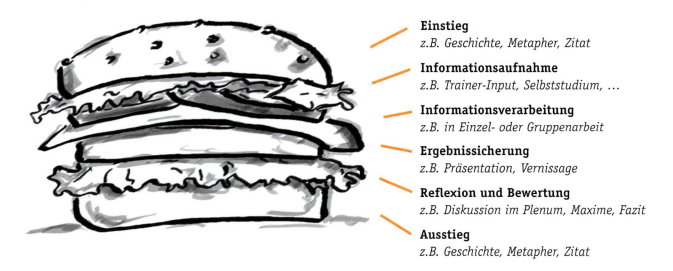

Einstieg
z.B. Geschichte, Metapher, Zitat

Informationsaufnahme
z.B. Trainer-Input, Selbststudium, …

Informationsverarbeitung
z.B. in Einzel- oder Gruppenarbeit

Ergebnissicherung
z.B. Präsentation, Vernissage

Reflexion und Bewertung
z.B. Diskussion im Plenum, Maxime, Fazit

Ausstieg
z.B. Geschichte, Metapher, Zitat

Belegen Sie das Sandwich derart, dass es allen Vertretern der unterschiedlichen Lernstile schmeckt. Legen Sie sich dazu am besten einen Methodenkoffer zu, der einen Fundus an interessanten Zutaten zum Belegen Ihres Sandwichs beinhaltet. Guten Appetit!

Der Methodenkoffer

Bausteine der Methodenbeschreibung

Das Charakteristische einer Methode beschreiben: *Welche Ziele lassen sich mit der Methode verfolgen? Welches sind die Möglichkeiten und Einsatzfelder der Methode? Wie funktioniert sie?* Im Folgenden finden Sie eine Auflistung der Bausteine, die für eine Methodenbeschreibung wichtig sind. Sie soll helfen, bei der Planung aus einem Pool von Methoden die jeweils passende Methode für die jeweilige Situation auszuwählen.

Ziele
Welche Ziele (kognitive, affektive, psychomotorische) verfolge ich bei der Anwendung dieser Methode?

Durchführung
Hier erfolgt eine detaillierte Beschreibung – Schritt für Schritt –, wie die Methode ausgeführt wird.

Zeit
Wie viel Zeit nimmt die Vorbereitung in Anspruch? Wie viel Zeit benötige ich für die Ausführung?

Teilnehmer
Für welche Sozialform (Plenum, Gruppe, Partnerarbeit, Einzelarbeit) eignet sich die Methode? Gruppengröße? Anzahl der Gruppen?

Raumausstattung
Welche Medien brauche ich (Flipchart, Pinnwand, …)? Wie groß muss der Raum sein? Wie muss der Raum eingerichtet sein? Brauche ich noch weitere Arbeitsräume?

Materialien
Was brauche ich an Moderationsmaterial (Papier, Stifte, …)? Welche Materialien werden zusätzlich benötigt?

Kommentar
Was gibt es sonst noch zu beachten? Was ist wichtig zu wissen?

© managerSeminare

Vom Inhalt zum Regiebuch

Handout Methodenkoffer – Seminareinstieg

Sammeln Sie in Ihrem Methodenkoffer eine Vielzahl von Methoden für einen gelungenen Seminareinstieg. Beschreiben Sie die Methoden detailliert. Hier ein Beispiel:

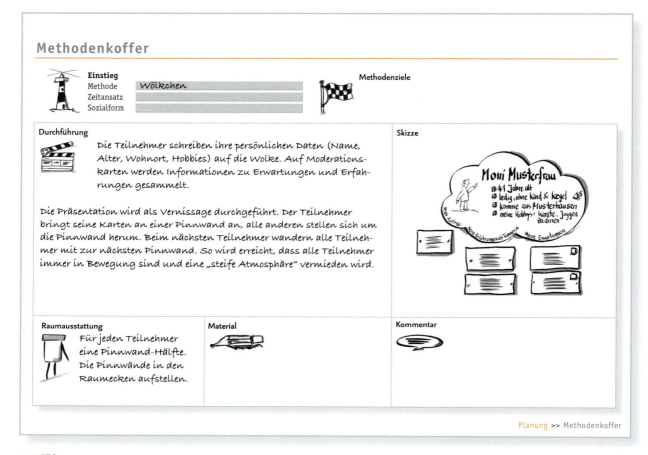

Handout
Methodenkoffer

Handout Methodenkoffer – Seminarausstieg

Sammeln Sie in Ihrem Methodenkoffer eine Vielzahl von Methoden für einen gelungenen Seminarausstieg. Beschreiben Sie die Methoden detailliert. Hier ein Beispiel:

Methodenkoffer

 Ausstieg
- Methode: Schatzkarte
- Zeitansatz: 30 Minuten
- Sozialform: Plenum – max. 6 Teilnehmer

 Methodenziele
Teilnehmer reflektieren den Verlauf des Trainings mit Metaphern aus der Inselwelt.

Durchführung
Auf einer großen Schatzkarte tragen alle Teilnehmer ein, was sie auf dem Weg durch das Seminar erlebt haben. Dabei nutzen Sie Metaphern aus der Seewelt:

- See der versunkenen Hoffnung (Welche Erwartungen wurden nicht erfüllt?)
- Gebirge der Hochgefühle (Was hat mir besonders gefallen?)
- Steilküste der unsicheren Momente ...
- Schatzkiste mit wertvollen Erfahrungen ...

Skizze

Raumausstattung
Eine Pinnwand für die Schatzkarte in der Raummitte aufstellen.

Material
- Moderationskarten (selbstklebend!)
- Moderationsstifte

Kommentar
Variante: Statt Plenum Reflexion in Kleingruppen (3-4 TN) mit anschließender Vernissage.

Planung >> Methodenkoffer

Handout Methodenkoffer

DAS REGIEBUCH

Wie ein Drehbuchautor gestalten Sie bei der Planung des Seminarablaufs einen Spannungsbogen zwischen dem Aufnehmen und Verarbeiten der Lerninhalte.

Das Regiebuch – die Gesamtkomposition
Ein Regiebuch ist die Ansammlung von Regiebögen zu den einzelnen Lernmodulen. Die Regiebögen sind in tabellarischer Form aufgebaut. Sie fassen die wichtigsten Informationen über den Ablauf zusammen.

Die Grundbausteine eines Regiebogens sind:

- Lernziele des Moduls
- Zeiteinteilung
- Themen, Inhalte und Vorgehen (in Blöcke aufgeteilt, in Stichworten erläutert)
- eingesetzte Methoden (mit Angabe der Sozialform)
- eingesetzte Visualisierungen (mit Angabe der verwendeten Medien)

Zusätzliche Bausteine können sein:

- Feinlernziele bei einzelnen methodischen Schritten
- einleitende, erkenntnisleitende Fragen
- kommentierende Bemerkungen oder Skizzen
- Verweise auf vertiefende Quellen (Modulkarten, Exzerpte, Methodenkoffer)
- Verweise auf Seiten im Teilnehmerskript

Zu einer lebendigen Dramaturgie gehören vor allem Abwechslungsreichtum in den Methoden, viele Erholungspausen und eine Portion Freiraum für Bewegung, Spiel und Spaß.

Entscheiden Sie, wie grob oder wie fein Sie einen Regiebogen gestalten wollen. Hier noch einige Tipps für Ihre Zeitplanung:

- Planen Sie genug Zeit für die Gestaltung eines intensiven **Einstiegs** in und **Ausstiegs** aus dem Seminar ein.
- **Halten Sie Balance!** Die 20er-Regel besagt: Der Trainer-Input sollte nicht länger als 20 Minuten andauern – die Gruppenarbeit sollte mindestens 20 Minuten dauern.
- Planen Sie **Pufferzeiten** für Unvorhergesehenes, Teilnehmerfragen und Zeiten für Reflexion und Austausch im Plenum ein.

Der Regiebogen

Hier läuft alles zusammen! Hier wird die Dramaturgie angezeigt!

EINSTIEG
90 Minuten
Begrüßung, Organisatorisches, Kennenlernen und Erwartungsabfrage, Ziele und Inhalte

MODUL 1
90 Minuten
Einstieg ins Thema, Input

Mittagspause

MODUL 1
90 Minuten
Informationsverarbeitung, Präsentation, Reflexion

MODUL 2
90 Minuten
Einstieg ins Thema, Input
Informationsverarbeitung, Präsentation, Reflexion

Nehmen wir uns ein Modul unter die Lupe. Im vorherigen Kapitel haben Sie die Agenda bestimmt, nun folgt das Finetuning. Dazu wird das Modul entsprechend der Sandwich-Methode in kleine Abschnitte aufgeteilt.

Sie beschreiben in jedem Modul die Inhalte mit Feinzielen, welche Methode (z.B. *Trainer-Input*) Sie zur Vermittlung ausgewählt haben, welche Sozialform Sie wählen (z.B. *Plenum*) und was Sie visualisieren (z.B. *Chart „Herzlich Willkommen"*) mit welchen Medien (z.B. *Flipchart*).

Entscheiden Sie, wie ausführlich Sie in dem Regiebogen die Inhalte mit Feinzielen beschreiben und wie detailliert Ihre Zeiteinteilung aussehen soll. Sehen Sie hier den Übergang von der Agenda zum Regiebogen für das Modul Einstieg.

Agenda

Zeit	Inhalte	Methode	Visualisierung
10:00 – 10:15 15 Minuten	1. Begrüßung und Organisatorisches ■ Begrüßung 5 Min. ■ Organisatorisches 5 Min. ■ kurze (!) Einführung ins Thema 5 Min.	Plenum Trainer-Input	Flipchart Herzlich Willkommen
10:15 – 11:15 60 Minuten	2. Kennenlernen und Erwartungsabfrage ■ Methode vorstellen: Trainer als Modell 10 Min. ■ Instruktion: Material, Zeit, Präsentation 5 Min. ■ Methode durchführen 45 Min.	Plenum Kennenlern- methode	Flipchart Instruktion zur Kennenlernmethode

Regiebogen für das Modul Einstieg

Vom Inhalt zum Regiebuch

Handout Regiebogen – Seminareinstieg
Übertragen Sie nun alle relevanten Daten aus Agenda, Modulkarte zum Modul „Einstieg" und Methodenkoffer in den Regiebogen „Seminareinstieg":

Regiebogen

Veranstaltung
Titel: Werteorientiertee Kommunikation
Modul: Seminareinstieg
Ort/Datum: Hardegsen / 24. Juli 2011

Modulziele
- Orientierung geben
- Sich gegenseitig kennenlernen
- Die Inhalte und den roten Faden kennen

Zeit	Inhalte	Methode	Visualisierung
10:00 – 10:15 15 Min.	1. Begrüßung und Organisatorisches – TN begrüßen und mich kurz vorstellen 5 Min. – kurze Einführung ins Thema 5 Min. – Logistik: Unterkunft, Pausen, Essen, Toiletten, … 5 Min.	Plenum Trainer-Info	Flipchart Willkommen
10:15 – 11:15 60 Min.	2. Kennenlernen und Erwartungsabfrage – Ich stelle mich mit der Wölkchen-Methode vor (als Modell) 5 Min. – Instruktion: Material, Zeit, Präsentation 5 Min. – Einzelarbeit: TN erstellen Wolke und Karten 10 Min. – Vernissage – mit Foto! 40 Min. (5 Min./TN)	Einzelarbeit Wölkchen Plenum Vernissage	Pinnwand Wölkchen
11:15 – 11:30 15 Min.	3. Rahmen, Inhalte, Ziele und Agenda – Rahmen: Was geht und was nicht? – Agenda: Inhalte, Zeiten und Ziele erläutern – roter Faden – Themenspeicher: für das, was außerhalb des Rahmens ist …	Plenum Trainer-Input Zuruffrage	Pinnwand Rahmen Flipchart Agenda Themenspeicher

Planung >> Regiebogen

Handout Regiebogen

Handout Regiebogen – Seminaraustieg

Übertragen Sie alle relevanten Daten aus Agenda, der Modulkarte „Ausstieg" und Methodenkoffer in den Regiebogen „Seminarausstieg":

Regiebogen

Veranstaltung
Titel: Werteorientiertee Kommunikation
Modul: Seminarausstieg
Ort/Datum: Hardegsen / 25. Juli 2011

Modulziele
- Rückblick und Blick nach vorn
- Teilnehmer sollen sich gegenseitig vernetzen
- einen guten Abschied gestalten

Zeit	Inhalte	Methode	Visualisierung
15:45 – 16:10 30 Min.	1. Rückblick auf den Trainingsverlauf – In Kleingruppen Trainingsverlauf mit Schatzkarten reflektieren 20 Min. – Vernissage: 10 Min.	Gruppenarbeit Schatzkarte	Pinnwand Schatzkarte
16:10 – 16:35 30 Min.	2. Blick in die Zukunft – Vernetzung: Wie bleiben die TN im Kontakt? 5 Min. – Walk and Talk mit dem zukünftigen Lernpartner 5 Min. – Einzelarbeit: TN entwirft einen Umsetzungsplan 20 Min.	Partnerarbeit Walk & Talk Einzelarbeit Umsetzungs-plan	
16:35 – 17:00 15 Min.	3. Feedback und Verabschiedung – Feedbackbogen ausfüllen 5 Min. – Feedbackrunde 5 Min. – Verabschiedung 5 Min.	Einzelarbeit Feedbackbogen Plenum Feedbackrunde	

Planung >> Regiebogen

Handout Regiebogen

IN DIE NÄCHSTE PLANUNGSPHASE

Dies war nun der 2. Akt der Planungs-Trilogie. Vorhang zu! Was ist geschafft und wie geht es weiter?

Mit welchen Ergebnissen gehen Sie in die nächste Planungsphase?
Was ist geschafft? Zunächst haben Sie die Lerninhalte derart aufbereitet, dass sie nun mundgerecht, gut verdaulich und der entsprechenden Zielgruppe verständlich zu vermitteln sind. Anschließend haben Sie Ziele, Inhalte, Methoden und Techniken in einen sinnhaften Zusammenhang gebracht und entlang der Sandwich-Methode dramaturgisch in Szene gesetzt.

Dafür standen Ihnen zwei neue Instrumente zur Verfügung:

 Im **Methodenkoffer** haben Sie einen Fundus an verschiedenen Methoden und Techniken zusammengestellt, aus dem Sie sich je nach Seminarphase, Zielgruppe und Zeitbedarf eine passende Methode auswählen können.

 Im **Regiebuch** haben Sie eine detaillierte Beschreibung der Abläufe der Lernmodule in Form von einzelnen Regiebögen erstellt.

Was Sie als Nächstes erwartet
Wie komme ich vom Text zum Bild? Im Fokus steht die visuelle Planung: die Planung mit Papier und Bleistift. Hier skizzieren und scribbeln Sie nach dem Motto: *Ein Bild sagt mehr als 1000 Worte*. Zu den Lerninhalten werden Bilder erzeugt, Layouts in Text-Bild-Dramaturgie entwickelt und Abläufe mit der Storyboard-Methode geplant.

IHRE NOTIZEN

Notieren Sie sich auf dieser Seite alle Informationen, die Ihnen in diesem Kapitel wichtig waren.

Planung

VOM REGIEBUCH ZUM STORYBOARD

3. Akt – Vom Regiebuch zum Storyboard   **104**

Visuelle Planung   **106**
Scribbeln und Skizzieren
Vom Text zum Bild

Layout-Entwicklung   **109**
Layout-Elemente
Komposition der Layout-Elemente

Layout-Formate   **112**
Dokumente
Präsentationsfolien
Charts und Plakate
EXKURS Kleine Sammlung von Chart-Entwürfen

Storyboard-Entwicklung   **118**
Folien-Storyboards
Chart-Storyboards

Schritt in die Gestaltungsphase   **124**

3. AKT – VOM REGIEBUCH ZUM STORYBOARD

Vom Thema zum Inhalt, vom Inhalt zum Regiebuch und vom Regiebuch zum Storyboard – eine Dramaturgie in drei Akten.

Was passiert im dritten Akt?
Im Fokus steht die visuelle Planung: die Planung mit Papier und Bleistift. Hier skizzieren und scribbeln Sie nach dem Motto: *Ein Bild sagt mehr als 1000 Worte*. Lerninhalte werden mit Bildern verknüpft, Layouts mit Text-Bild-Dramaturgie entwickelt und Trainingsabläufe mit der Storyboard-Methode geplant.

Unser Ausgangspunkt ist das Regiebuch. Es ist in Tabellenform aufgebaut, hier wollen wir nun der Spalte *Visualisierung* Leben einhauchen. Dazu erstellen wir Skizzen, wie die Charts später aussehen sollen. Darüber hinaus beschreiben wir mit Storyboards die Abfolge der Charts.

Im Blickfeld stehen ferner die Lerninhalte. Sie liegen uns derzeit in Form von Dokumenten, Exzerpten und Mind-Maps mit Schlagwörtern vor. Um die Verständlichkeit der Lerninhalte zu erhöhen, gilt es nun, Bilder derart mit den Texten zu verknüpfen, dass sie einen harmonischen Zusammenhang bilden.

Am Ende dieses Kapitels stehen Ihnen diese Instrumente der Visualisierung zur Verfügung:

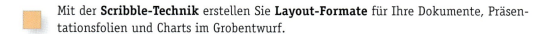

Mit der **Scribble-Technik** erstellen Sie **Layout-Formate** für Ihre Dokumente, Präsentationsfolien und Charts im Grobentwurf.

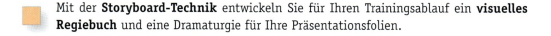

Mit der **Storyboard-Technik** entwickeln Sie für Ihren Trainingsablauf ein **visuelles Regiebuch** und eine Dramaturgie für Ihre Präsentationsfolien.

Vom Regiebuch zum Storyboard

Die Reiseroute durch den 3. Akt

Setzen Sie Ihre dreiteilige Endeckungstour durch die Trilogie des Planens fort. Hier ist der letzte Abschnitt dieser Tour:

1. Visuelle Planung

Ziel ist, Ideen, komplexe Gedanken und innere Bilder schnell und einfach auf das Papier zu bringen, um sie sichtbar und damit bearbeitbar zu machen.

2. Layout-Entwicklung

Ziel ist, eine Text-Bild-Komposition entwerfen zu können mit einheitlichem Erscheinungsbild sowie unter Beachtung von Harmonie und Verständlichkeit.

Ideen- und Entwurfsphase
- Seitenformat
- Satzspiegel und Raster
- Komposition der Layout-Elemente

Layout-Elemente
- Headline
- Text
- Bild

Ziel ist es, zu Lerninhalten und Seminarabläufen Bilder zu erzeugen und diese in einem harmonischen Verhältnis zum Text zu positionieren.

3. Layout-Formate

Ziel ist, die erlernten Gestaltungsprinzipien auf drei unterschiedliche Formate anzuwenden.

Layout-Formate
- Skripte und Handouts
- Präsentationsfolien
- Poster und Charts

4. Storyboard-Entwicklung

Ziel ist, mit einfachen Grundtechniken der visuellen Sprache die Dramaturgie von Trainings und Präsentationen übersichtlich und einprägsam darzustellen.

Storyboards
- Folien-Storyboards
- Chart-Storyboards

© managerSeminare

Vom Regiebuch zum Storyboard

VISUELLE PLANUNG

„Während der Planungsphase ist es von elementarer Bedeutung, sich von seinem Computer fernzuhalten."

Garr Reynolds

Was verstehen wir unter visueller Planung?
Unter visueller Planung verstehen wir die Planung mit Bleistift und Papier. Ziel ist es, Ideen, komplexe Gedanken und innere Bilder schnell und einfach aufs Papier zu bringen, um sie sichtbar und damit bearbeitbar zu machen.

Die Besonderheit bei der visuellen Planung ist die Technik des **Scribbelns** und der Einsatz von einfach skizzierten Bildern und Grafiken. Hier sehen Sie meinen ersten Konzeptentwurf zur Trilogie der Planens. Entwickelt habe ich den Entwurf mit Bleistift und Textmarkern auf einem DIN-A3-Bogen.

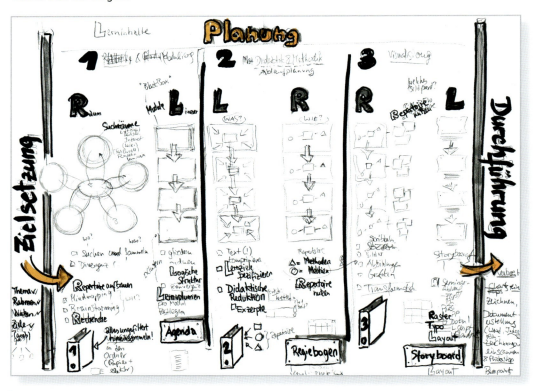

Visuelle Planung

Scribbeln und Skizzieren

Scribbeln (oder auch scribblen) kommt aus dem Amerikanischen und heißt wörtlich *kritzeln*. Mit *scribbeln* meinen wir das schnelle Skizzieren von Ideen mit Stift und Papier. Dabei wird auf Details gänzlich verzichtet. Ein **Scribble** ist ein Grobentwurf beispielsweise für eine Illustration, eine Grafik, ein Plakat oder für das das Layout von Dokumenten und Präsentationsfolien. Scribbles dienen als Vorlage für die spätere Gestaltungsphase:

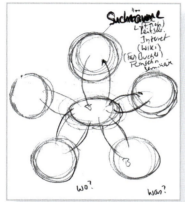
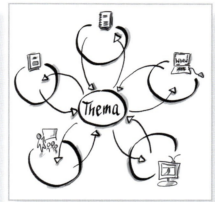

In der Planungsphase wird gescribbelt und skizziert.

In der Gestaltungsphase wird die Skizze zeichnerisch umgesetzt.

Welches Material brauchen Sie zum Scribbeln?
Gescribbelt wird ganz einfach mit Bleistift oder Filzstift. Scribbeln können Sie auf jedem Blatt Papier, das gerade in der Nähe ist, sogar auf einer Serviette oder auf einem Bierdeckel kann gescribbelt werden.

Welche zeichnerischen Fähigkeiten brauchen Sie?
Scribbeln kann jeder! Zum Scribbeln brauchen Sie keinerlei zeichnerisches Talent und auch kein riesiges Repertoire an Bildvokabeln, um sich zeichnerisch auszudrücken. Hier geht es nicht um Schönheit und Perfektion der Skizze, sondern darum, die inneren Bilder auf eine schnelle und unkomplizierte Weise aufs Papier zu bekommen. Beim Scribbeln kommt es nicht darauf an, ein Kunstwerk zu erschaffen. Scribbles sind keine Rembrandts, sondern lockere Freihandzeichnungen, um seine Gedanken sichtbar zu machen. Viele gute Ideen sind auf Bierdeckeln oder Servietten entstanden.

Mit Papier und Bleistift komplexe Gedanken sichtbar machen

Vom Text zum Bild

Ein Bild sagt mehr als 1.000 Worte ..., doch 1.000 Worte habe ich, wie komme ich nun zum Bild? Arbeiten Sie im Dreischritt. Gestalten Sie plakative Überschriften, komprimieren Sie Texte und suchen Sie Bilder, die für sich sprechen:

Der Ausgangspunkt: Eine überfrachtete Seite mit Aneinanderreihung von Text – keine anschaulichen Bilder, kein Rand für Notizen. Dieser Text erschlägt und macht wenig Lust, gelesen zu werden.

1. Einen plakativen Titel finden.
2. Einen Untertitel (zwei- bis dreizeilig) finden.
3. Den Text auf das Wesentliche kürzen.

Bilder zum Text finden. In dieser Phase können Sie zunächst mit Platzhaltern oder Ihren Scribbles und Skizzen arbeiten – erst in der Gestaltungsphase werden dann die endgültigen Bilder eingesetzt.

Wie finden Sie passende Bilder?
Vielleicht haben Sie schon konkrete Vorstellungen, welches Bild zum Text passt. Oder nur eine vage oder noch gar keine Vorstellung? Nehmen Sie sich eine von Ihnen erstellte Mind-Map zum Thema vor. Diese Mind-Map ist das Bindeglied zwischen Text und Bild, da hier der komplexe Text bereits auf die relevanten Schlagwörter reduziert wurde. Über die Schlagwörter können Sie dann z.B. im Internet nach geeignetem Bildmaterial suchen.

In der Planungsphase ist es allerdings noch nicht unbedingt notwendig, schon die passenden Bilder gefunden zu haben, hier haben Sie die Möglichkeit, mit Ihren Skizzen als Platzhalter zu arbeiten. Später, in der Gestaltungsphase, werden die Platzhalter dann gegen konkrete Bilder ausgetauscht.

LAYOUT-ENTWICKLUNG

Entwickeln Sie ein einheitliches Konzept, wie Ihre Dokumente, Präsentationsfolien und Charts später einmal aussehen sollen.

Was ist ein Layout?
Layout bedeutet Plan oder Entwurf. Gemeint ist in unserem Fall die Gestaltung eines Rohentwurfs für Dokumente, Präsentationsfolien oder Charts. Dabei geht es um den Gesamteindruck der räumlichen Aufteilung bei der Anordung von Überschriften, Text und Bildern. Ziel ist die professionelle, einheitliche und harmonische Gestaltung der Dokumente, Präsentationsfolien und Charts.

Wie entwickeln Sie ein Layout?
Der erste Schritt ist die **Ideen- und Entwurfsphase**. Sie findet hier in der visuellen Planungsphase statt. In diesem Stadium werden Layouts auf Papier gescribbelt, Entwürfe kreiert und Entscheidungen getroffen über:

- Seitenformat (Hoch- oder Querformat, einzel- oder doppelseitig)
- Satzspiegel und Raster (Weißraum, Grundflächen, Ränder und Textspalten)
- Komposition der Layout-Elemente (Verhältnis von Überschriften, Text und Bild)

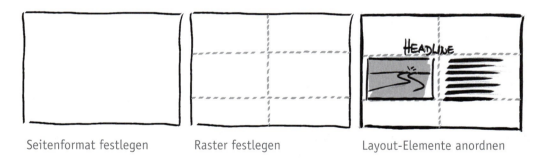

Seitenformat festlegen   Raster festlegen   Layout-Elemente anordnen

Später in der Gestaltungsphase erfolgt die Umsetzung der skizzierten Rohentwürfe auf dem PC (bei Dokumenten und Folien) oder auf Papier im Großformat (bei Charts und Postern).

© managerSeminare

Layout-Elemente

Drei Gestaltungselemente gibt es: Headline, Text und Bilder. Ziel ist es, diese drei Elemente in eine gestalterische Ordnung zu bringen, um ein harmonisches Erscheinungsbild zu erreichen.

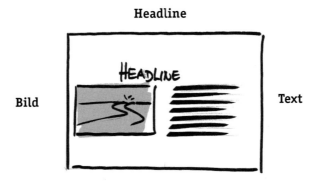

Weißraum

Ein wesentliches Gestaltungsprinzip lautet: Weniger ist mehr! Die Versuchung, den kompletten zur Verfügung stehenden Platz auszufüllen, ist groß. Das Resultat ist eine mit Text überfrachtete Seite. Im Gegensatz dazu zeugen Leerflächen von Ästhetik und Eleganz. Lassen Sie daher genug Luft auf Ihrem Blatt Papier in Form von **Weißraum**. Weißraum ist nicht *Nichts*, sondern ein sehr wichtiges Gestaltungsmittel, damit eine Seite nicht überladen wirkt. Eine Merkregel besagt: Harmonisch wirkt es, wenn Sie auf einem DIN-A4-Bogen einen Raum in Größe eines DIN-A5-Bogens für Bild und Text einplanen.

Platzierung der Elemente

Wie Überschriften, Texte und Bilder zu einer harmonischen Einheit werden

Alle Elemente sollten so zueinander ausgerichtet sein, als wären sie durch eine unsichtbare Schnur miteinander verbunden. Hilfreich bei der Platzierung der Elemente ist das Anlegen eines Rasters. Sie unterteilen dabei das Blatt Papier in gleich große Felder. In diesen Feldern platzieren Sie anschließend Ihre Gestaltungselemente.

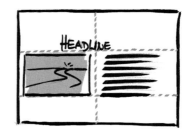

So entsteht am Ende ein harmonisches und ausgeglichenes Erscheinungsbild.

Layout-Entwicklung

Komposition der Layout-Elemente

Headline, Texte und Bilder sind in einem harmonischen Einklang miteinander zu verbinden. Entscheiden Sie, in welchem Verhältnis Headline, Text und Bild zueinander stehen sollen. Soll das Erscheinungsbild eher bild- oder textdominant sein? Hier ein paar Beispiele, wie Headline, Text und Bild angeordnet werden können:

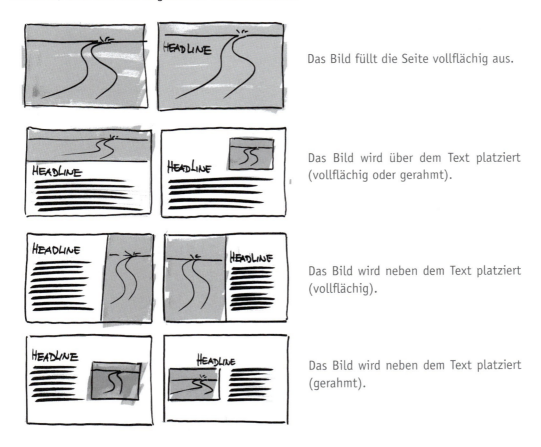

Das Bild füllt die Seite vollflächig aus.

Das Bild wird über dem Text platziert (vollflächig oder gerahmt).

Das Bild wird neben dem Text platziert (vollflächig).

Das Bild wird neben dem Text platziert (gerahmt).

Scribbeln Sie immer mehrere Entwürfe. Wenn Sie sich nicht direkt für einen Entwurf entscheiden können, dann lassen Sie Ihre Entwürfe am besten über Nacht liegen und entscheiden sich erst am nächsten Tag, mit genügend Abstand zu Ihren Werken. In der Entwurfsphase werden Sie häufiger Ihre ersten Entwürfe wieder verwerfen. Lassen Sie sich davon nicht beirren, das ist völlig normal!

LAYOUT-FORMATE

Ziel ist die professionelle, einheitliche und harmonische Gestaltung Ihrer Dokumente, Präsentationsfolien und Charts.

Als Trainer haben Sie es mit verschiedenen Layout-Formaten zu tun, die sich in ihrem Zweck, der Medienform und dem Format unterscheiden:

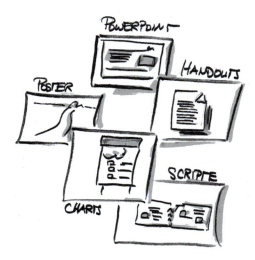

Dokumente
Zweck: Lerninhalte für Teilnehmer zur Verfügung stellen (Skripte und Handouts)
Medien: Textverarbeitungsprogramm (z.B. Word oder InDesign)
Format: Papierformat (z.B. DIN A4) – hoch oder quer

Präsentationsfolien
Zweck: Präsentation von komplexen Sachverhalten
Medien: PowerPoint mit PC und Beamer
Format: PowerPoint-Folien – im Ausdruck DIN-A4 quer

Poster und Charts
Zweck: Visualisierung im Training
Medien: Flipchart und Pinnwand
Format: Großformat – auf Flipchart- und Pinnwandpapier

Layout-Formate

Dokumente

Die Kunst des Trainers besteht nicht nur darin, Lerninhalte klar strukturiert und verständlich aufzubereiten, sondern auch, diese in einem professionellen Design zu *verpacken*. Entwerfen Sie Ihre Dokumente im Dreischritt:

1. Format festlegen
Wählen Sie das Papierformat (in der Regel DIN A4). Entscheiden Sie sich für Hoch- oder Querformat. Soll das Dokument einseitig oder zweiseitig beschriftet werden? Ihre Entscheidung wirkt sich auf den Satzspiegel aus – bei zweiseitigen Dokumenten muss er für eine Doppelseite ausgerichtet werden.

2. Satzspiegel festlegen
Mit vier Linien werden die Ränder festgelegt. Damit entsteht eine harmonische Aufteilung von Weißraum und Inhaltsraum. Die so entstandene innere Fläche ist der Raum für Bild und Text. Legen Sie fest, wo das Logo positioniert werden soll. Sie können an dieser Stelle auch schon mit Farbe arbeiten.

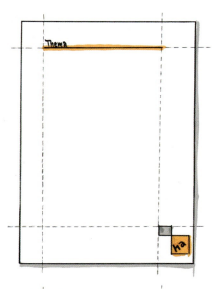

3. Text- und Bildflächen festlegen
Die innere Fläche wird nun mit Bild und Text gefüllt. Für das Platzieren der Elemente ist hier wieder das Anlegen eines Rasters hilfreich.

Texte werden durch feine Striche gekennzeichnet, Überschriften durch dicke Balken und Bilder durch einfache Skizzen oder Bildplatzhalter in Form von Rechtecken mit Kreuz.

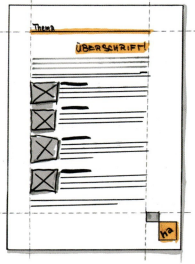

© managerSeminare

Präsentationsfolien

Präsentationsfolien dienen dazu, Ihre mündlich vorgetragenen Lerninhalte auf visuelle Art zu unterstützen und zu verstärken. Dokumente sind Dokumente und Folien sind Folien. Häufig werden diese beiden Elemente jedoch vermischt: Was entsteht, sind Folienumente – mit Text überladene Folien, die bei Präsentationen optisch erschlagen und anschließend als Informationsmaterial mit wenig Aussagekraft ausgegeben werden. Folienumente sind deshalb weder schön noch effektiv! Entwerfen Sie lieber ansprechende Folien, die in Ihren Präsentationen visuell unterstützend zum Einsatz kommen:

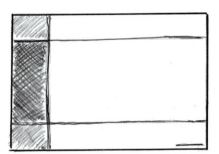

1. Satzspiegel
Hier geht es um das grundsätzliche Layout der Präsentationsfolien. Der mittlere Weißbereich ist für Bild und Raum gedacht. Die grauen Kästen im linken Bereich dienen zur Navigation.

2. Skizzieren von Text- und Bildflächen
Die freie Fläche wird mit Bildelementen und Text gefüllt. Texte werden wieder durch feine Linien und Überschriften durch dicke Balken gekennzeichnet oder ausgeschrieben. Fotos, die später eingesetzt werden sollen, werden mit einigen schnellen Bleistiftskizzen abgezeichnet.

3. Kontur- und Farbeinsatz
Ziehen Sie die Bleistiftstriche anschließend mit einem schwarzen Marker nach und füllen Sie die Flächen entsprechend Ihrer Bildvorlage farbig aus.

Layout-Formate

Charts und Plakate

Bei der Durchführung von Trainings spielt die Visualisierung von Lerninhalten auf Flipchart und Pinnwand eine wichtige Rolle. Die Gestaltung von Charts und Plakaten ist aufgrund des großen Formats nicht so einfach – am besten, Sie entwerfen das Design zunächst im Kleinformat und übertragen es später mit Hilfe der Rastertechnik auf das entsprechende Großformat:

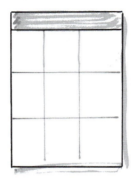

1. Raster legen
Gliedern Sie die Fläche durch horizontale und vertikale Linien z.B. in neun gleich große Segmente. Zeichnen Sie die Linien in Bleistift, dann können Sie sie später wieder wegradieren.

2. Text-Bild-Gestaltung
Positionieren Sie Überschrift, Text und Bildelemente, indem Sie sich an den Rastersegmenten orientieren. Arbeiten Sie zunächst mit Bleistift. Ist die Anordnung der Layout-Elemente vollzogen, können Sie diese mit einem Fineliner nachziehen.

3. Raster entfernen
Vervollständigen Sie Ihre Skizze, indem Sie die Hilfslinien wegradieren und Bildelemente gegebenenfalls einfärben.

© managerSeminare

EXKURS Kleine Sammlung von Chart-Entwürfen

Layout-Formate

STORYBOARD-ENTWICKLUNG

„Alle möglichen Inszenierungsprobleme werden vor Drehbeginn mit Hilfe von Zeichnungen gelöst, um Unannehmlichkeiten und Enttäuschungen zu vermeiden."

Alfred Hitchcock

Was sind Storyboards?
In der Filmbranche werden Storyboards als wichtiges Hilfsmittel eingesetzt: zur Visualisierung von Drehbüchern und zur Planung einzelner Filmszenen mittels skizzenhafter Darstellungen.

Bei der Layout-Entwicklung hatten wir es zunächst mit *Standbildern* zu tun – es ging um die einheitliche Gestaltung von Seiten. Nun geht es um die Gestaltung von Abläufen – das heißt, um die visuelle Dramaturgie, die Standbilder in Szene zu setzen. Wir können Storyboards zur Weiterentwicklung unseres Regiebuchs verwenden, indem wir die Abfolge der Trainingssequenzen durch die Charts und Poster detailliert beschreiben. Ferner können wir mit einem Storyboard die Dramaturgie einer Folienpräsentation gestalten – womit langweilige Folienschlachten endgültig der Vergangenheit angehören!

Wie erstellen Sie ein Storyboard?
Nehmen Sie sich ein ausreichend großes Blatt Papier (ich empfehle mindestens DIN-A3) und zeichnen Sie auf dieses Blatt mehrere gleich große Rahmen ein.

Lassen Sie unter den einzelnen Rahmen Platz für Bemerkungen. Dazu zeichnen Sie drei bis vier Linien, auf die Sie Ihre Notizen schreiben können.

Beginnen Sie anschließend Schritt für Schritt, die Folien zu skizzieren. In die Rahmen können Sie zunächst mit Bleistift skizzieren und später mit einem Marker oder Fineliner die Konturen nachziehen. Setzen Sie auch Farben ein, wenn Sie möchten. Das war's schon!

Storyboard-Entwicklung

Folien-Storyboards

Setzen Sie Folien-Storyboards ein, um eine Dramaturgie für Ihre Präsentationsfolien zu entwickeln. Doch warum Bilder erst skizzieren und dann in PowerPoint nachbauen? Würden Sie versuchen, die Abfolge der Präsentationsfolien direkt in PowerPoint zu realisieren, dann müssten wir permanent zwischen Folien- und Gliederungsansicht umschalten, um einen Gesamteindruck zu bekommen. Mit dem Storyboard-Ansatz sind Sie während der Entwurfsphase quasi in beiden Ansichten gleichzeitig. Sie entwerfen Folie für Folie und haben dabei zu jeder Zeit den Überblick über Abfolge und Dramaturgie.

Sehen Sie hier den Übergang von der Entwicklung einer Folienseite zum Storyboard:

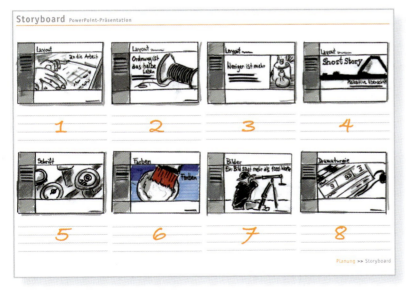

Abbildung oben
Der Dreischritt von der Konstruktion des Satzspiegels über die Skizzierung zur Reinzeichnung mit Markern und Farbe.

 Mehr dazu auf Seite 114.

Abbildung links
Die Einbettung der fertigen Folie in die Abfolge mehrerer Folien.

 Mehr dazu auf Seite 120.

© managerSeminare

Handout Storyboard – PowerPoint-Präsentation

Beginnen Sie Schritt für Schritt, die Folien zu skizzieren. In die Rahmen können Sie zunächst mit Bleistift skizzieren und später mit einem Marker die Konturen nachziehen.

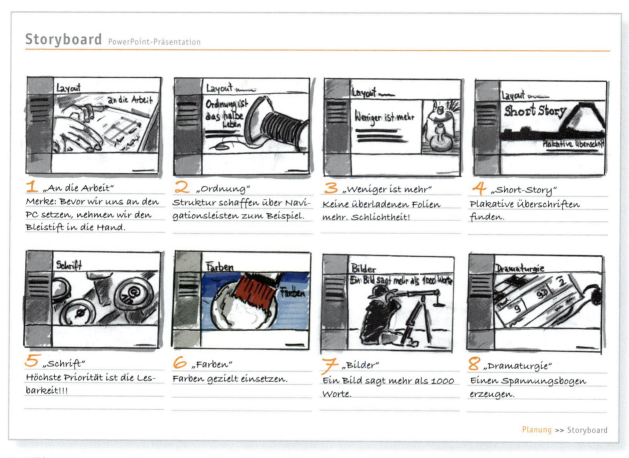

Handout
Storyboard PowerPoint-Präsentation

Storyboard-Entwicklung

Noch ein Tipp: Wenn die Reihenfolge der Charts noch nicht ganz klar feststeht, dann skizzieren Sie die Charts erst einmal auf Karteikarten (z.B. DIN A6). Auf diese Weise können Sie den Ablauf der Folien in mehreren Reihenfolgen durchspielen, bis die Dramaturgie stimmt. Erst dann zeichnen Sie Ihr Storyboard auf einen großen Bogen Papier.

Hier ein kleiner Ausblick, wie die Skizzen später umgesetzt werden:

Ab Seite 196 sehen Sie
die Umsetzung der Skizzen
in PowerPoint-Folien.

Chart-Storyboards

Das **visuelle Regiebuch** – setzen Sie Chart-Storyboards ein, um eine Dramaturgie Ihres Trainingsablaufs zu visualisieren. Die Storyboards zur Visualisierung eines Trainingsablaufs entwerfe ich wie folgt:

Auf die linke Seite zeichne ich eine Agenda. Hier trage ich in Listenform den Ablauf des Trainings ein – im Wesentlichen sind das die Daten, die ich aus dem Regiebuch entnehme. Auf die rechte Seite zeichne ich die Flipcharts entsprechend ihrer Reihenfolge – dramaturgisch genau so aufgebaut, wie auch beim Film die Standbilder aneinandergereiht werden. Auf diese Weise habe ich alles im Überblick!

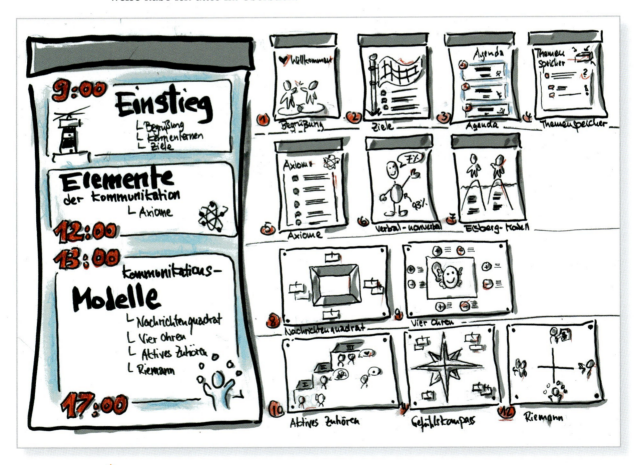

Storyboard-Entwicklung

Handout Storyboard – Trainingsplanung

Die Charts können anschließend mit Detailinformationen aus Ihrem Regiebuch verknüpft werden. Je nach Informationsfülle können Sie pro Storyboard-Seite ein bis vier Charts darstellen. Hier ein Ausschnitt des Storyboards:

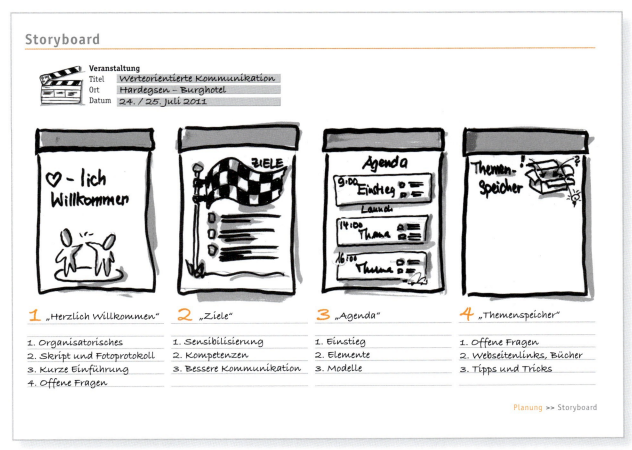

Handout
Storyboard Trainingsplanung

SCHRITT IN DIE GESTALTUNGSPHASE

Die Planung ist abgeschlossen! Nun gehen Sie mit wichtigen Ergebnissen in die nächste Phase: die Gestaltungssphase.

Mit welchen Ergebnissen gehen Sie in die Gestaltungsphase?
Was ist geschafft? Sie haben in diesem Abschnitt eine wichtige Vorarbeit für die anschließende Gestaltungsphase geleistet: Mit Hilfe der **Scribble-Technik** und einiger grundlegender Gestaltungsprinzipien sind Sie nun in der Lage, sich visuell auszudrücken und Grobentwürfe für die professionelle Gestaltung von Dokumenten, Präsentationsfolien und Charts anzufertigen.

 Es liegen nun **Layout-Formate** für Ihre Dokumente, Präsentationsfolien und Charts im Grobentwurf vor.

 Mit der **Storyboard-Technik** haben Sie für den Trainingsablauf ein **visuelles Regiebuch** und eine Dramaturgie für Ihre Präsentationsfolien entwickelt.

Was Sie als Nächstes erwartet
Mit diesen Ergebnissen können Sie nun in die Gestaltungsphase einsteigen: In der Gestaltung von Bildern und Charts sowie in der Gestaltung von Dokumenten und Folien werden Ihnen die Scribbles und Skizzen als Rohentwurf dienen. Nun geht es an die Umsetzung!

IHRE NOTIZEN

Notieren Sie sich auf dieser Seite alle Informationen, die Ihnen in diesem Kapitel wichtig waren.

BILDER & CHARTS GESTALTEN

Bilder & Charts gestalten   128

Bildsprache entwickeln   130
Text und Headlines
Grundformen
Textboxen
Bilder und Symbole
Figuren
EXKURS Kleines Bildvokabelheft für Trainer
Wortschatz systematisch aufbauen

Basistechniken   147
Schriftbild
Strichführung
Dynamik
Schattierung
Kleine Farblehre
Wirkung von Farben

Von der Skizze zur Zeichnung   158
Grundausrüstung
EXKURS Grundausrüstung
Wie ein Chart entsteht
Wie ein Plakat entsteht

Schritt in die Mediengestaltung   168

BILDER & CHARTS GESTALTEN

Elemente, Techniken und Vorgehensweise bei der professionellen Gestaltung von Bildern und Charts.

In diesem Kapitel erweitern Sie Ihre gestalterische Kompetenz und erhalten das notwendige Handwerkszeug für eine professionelle Gestaltung von Bildern und Charts. Sie erfahren zunächst etwas über die grafischen Grundelemente, mit denen sich die Bildsprache aufbaut und die Sie für die Komposition Ihrer Charts und Poster benötigen:

- Text und Headlines (verschiedene Schriftformen)
- Grundformen (Textboxen, Aufzählungszeichen, Pfeile zur Darstellung von Prozessen)
- Objekte und Symbole (z.B. Berge, Flipchart, Sonne)
- Figuren (Kullermännchen und Sternenmännchen)

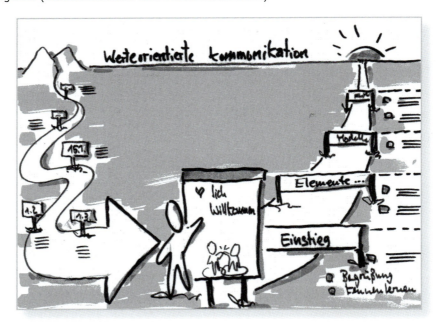

Anschließend erlernen Sie die wesentlichen Techniken, die dazu beitragen, dass Ihr Schriftbild und Ihre Bilder ansprechend, sicher und professionell wirken: von der richtigen Haltung des Stiftes und der Strichführung bis zum Einsatz von Dynamik, Schatten und Farbe.

Bilder & Charts gestalten

Am Ende dieses Kapitels geht es schließlich um die Umsetzung von Skizze zu Bild, Chart oder Poster in vier Schritten: skizzieren, Kontur setzen, schattieren und kolorieren.

Hier nun die Reiseroute durch das Kapitel „Bilder & Charts gestalten":

1. Bildsprache entwickeln

Ziel ist, ein Repertoire an Bildern aufzubauen, mit dem man sich visuell ausdrücken kann. Lernen Sie folgende Grundelemente kennen:

Vier Elemente
- Text und Headlines
- Grundformen
- Bilder und Symbole
- Figuren

Ziel ist es, sich ein umfangreiches Bildvokabular aufzubauen, Techniken der Visualisierung anzuwenden und professionelle Charts zu gestalten.

2. Basistechniken

Mit fünf einfachen Techniken können Sie lebendige und ansprechende Bilder erzeugen.

Fünf Techniken
- Schriftbild
- Strichführung
- Dynamik
- Schattierung
- Einsatz von Farben

3. Von der Skizze zur Zeichnung

Im Viererschritt von der Skizze zur Zeichnung. Lernen Sie die einzelnen Phasen der Bild-, Chart- und Postergestaltung kennen und erfahren Sie, welches Material Sie dazu benötigen und wie Sie es anwenden.

Vier Schritte
- Skizzieren
- Kontur setzen
- Schattieren
- Kolorieren

© managerSeminare

BILDSPRACHE ENTWICKELN

Lernen Sie eine neue Sprache – die Bildsprache –, um sich visuell auszudrücken, und übersetzen Sie Ihre Texte in Bilder.

Ebenso wie Englisch eine Fremdsprache für uns ist, so können Sie auch die Bildsprache als Fremdsprache betrachten: Kennen Sie erst einmal die Grundelemente der Bildsprache, können Sie auf dieser Basis auch komplette Bilder kreieren, so wie aus der Anordnung einzelner Buchstaben neue Wörter entstehen.

Auch in der Bildsprache gibt es einen Grundwortschatz, mit dessen Hilfe Sie sich bereits sehr gut visuell ausdrücken können. Darüber hinaus bauen Sie sich in Ihrem Spezialgebiet einen passenden Aufbauwortschatz auf. Erinnern Sie sich an Ihre Schulzeit – als Sie Ihre erste Fremdsprache lernten? Was mich damals beeindruckt hat: Der englische Wortschatz beispielsweise wird auf einen Umfang von 500.000 bis 600.000 Wörter geschätzt. Um 85 Prozent eines englischen Textes zu verstehen, reichen bereits um die 1.100 bis 1.200 Wörter aus. Neben diesem Grundwortschatz steigert ein Aufbauwortschatz von weiteren 2.000 Wörtern unser Sprachverständnis auf rund 95 Prozent.

Wie bei einer Fremdsprache ist auch der Aufbau einer Bildsprache ein Prozess, in dessen Verlauf Sie sich nach und nach neue Vokabeln aneignen werden. Auch hier heißt es Vokabeln *pauken*, denn nur regelmäßig verwendete Vokabeln bleiben im aktiven Sprachgebrauch.

Eignen Sie sich im Folgenden einen kleinen, aber soliden Grundwortschatz an. Am Ende des Kapitels erhalten Sie noch einige Tipps, wie Sie Ihren Wortschatz systematisch erweitern können.

Text und Headlines

Auch wenn es zunächst seltsam anmutet: Text und Headlines sind ebenfalls Bildelemente. Wir sprechen ja auch von einem Schriftbild, wenn es darum geht, uns mit Schrift in Szene zu setzen. Oberstes Ziel ist natürlich die Lesbarkeit – in Verbindung mit der Schreibschnelligkeit. Schriften können aber auch zu richtigen Eye-Catchern werden! Viele Beispiele hierfür finden wir in der Comicwelt und diese lassen sich gut auf das Visualisieren von Überschriften übertragen.

Auch Text und Headlines können wir als Bilder betrachten.

Wir unterscheiden drei Schriftformen:

- **Schreibschrift** (Handschrift, Schönschrift, Kalligrafie, Schnörkelschrift)
- **Druckschrift** (Moderationsschrift, Groß- und Kleinbuchstaben, Blockschrift)
- **Konturenschrift** (aufwendig gezeichnete Buchstaben, drei-dimensional, überlappend)

Setzen Sie Schriftformen passend zur Situation ein: Beim Skizzieren reichen lockere, handschriftliche Notizen, bei der Gestaltung eines Plakates kreieren Sie aufwendige Headlines in Konturenschrift und live im Plenum glänzen Sie mit einer ansprechenden und lesbaren Moderationsschrift.

Grundformen

Die Grundformen der Bildsprache sind gleichzusetzen mit den Buchstaben eines Wortes – aus den Grundformen lassen sich alle komplexen Objekte zusammensetzen.

 Der Punkt fokussiert die Aufmerksamkeit: „Schau hierher!" Sie bringen etwas *auf den Punkt*. Sie stellen etwas in den Mittelpunkt. Mit Aufzählungspunkten geben Sie einem Text eine klare Struktur.

 Die Linie ist eine Verbindung zwischen zwei Punkten. Eine senkrechte Linie begrenzt, eine waagerechte Linie vermittelt Horizont und Weite. Durch die geschwungene Linie kommt Lebendigkeit ins Bild. Sie signalisiert Bewegung.

 Der Kreis steht für Geschlossenheit und Gleichgewicht. Er symbolisiert die Vollkommenheit und die Einheit und wird zur Darstellung von Dingen verwendet, die zusammengehören.

 Das Dreieck ist ein Richtungssymbol und dient zur Ausbalancierung von Gegensätzen. Dreiecke dienen zur Darstellung von Richtung, Stabilität, Aufbau, Steigung, Hierarchie, Triaden ...

 Das Viereck ist das Symbol des Festen, Statischen und Zuverlässigen. Es eignet sich für alles, was gut strukturiert sein soll. Das Viereck suggeriert eine solide und klare Organisation, z.B. Organigramme, Dokumente, Gebäude ...

 Der Pfeil zeigt Aktion in Bewegung zu einem Ziel und wird überall dort eingesetzt, wo Aktivitäten, Wachstum, Kräfte und Einflüsse aller Art sichtbar werden sollen.

Sieben Grundformen bilden das Alphabet der Bildsprache.

 Die Spirale steht für Dynamik und wird überall dort eingesetzt, wo Entwicklung (Spirale von innen nach außen) oder Verdichtung (Spirale von außen nach innen) dargestellt werden soll.

Textboxen

Ganz einfach zu zeichnen sind Sprechblasen und andere Textboxen, in denen Sie Texte mit Wirkung versehen können. Hinsichtlich der Grundformen können wir unterscheiden zwischen eckigen und runden Textboxen und Banderolen. Sehen Sie an den folgenden Beispielen, wie aus Grundfomren ansprechende Textboxen entstehen.

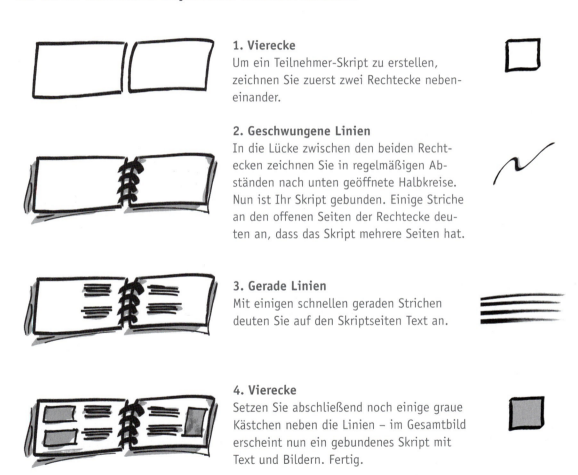

1. Vierecke
Um ein Teilnehmer-Skript zu erstellen, zeichnen Sie zuerst zwei Rechtecke nebeneinander.

2. Geschwungene Linien
In die Lücke zwischen den beiden Rechtecken zeichnen Sie in regelmäßigen Abständen nach unten geöffnete Halbkreise. Nun ist Ihr Skript gebunden. Einige Striche an den offenen Seiten der Rechtecke deuten an, dass das Skript mehrere Seiten hat.

3. Gerade Linien
Mit einigen schnellen geraden Strichen deuten Sie auf den Skriptseiten Text an.

4. Vierecke
Setzen Sie abschließend noch einige graue Kästchen neben die Linien – im Gesamtbild erscheint nun ein gebundenes Skript mit Text und Bildern. Fertig.

Bilder & Charts gestalten

Hier entsteht in sechs Schritten aus einem Rechteck eine Banderole, die Sie für die Einrahmung von Titeln und Überschriften nutzen können.

Die Zutaten für eine Banderole

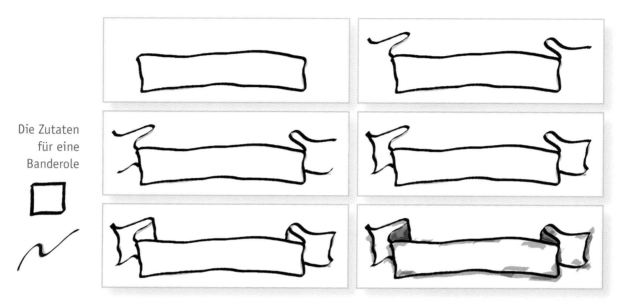

Im Folgenden entsteht in fünf Schritten aus einer Linie ein geschwungenes Blatt Papier, das Sie als Notizzettel einsetzen können.

Achtung! Bei eingerollten Objekten müssen Sie sich die überlagerten Grundlinien denken, die hier gestrichelt angedeutet sind. Diese Papierrolle besteht in den Grundformen aus zwei umgedrehten Buchstaben S, deren Enden miteinander verbunden werden, sehen Sie?

Zeichnen Sie zunächst alle Grundlinien mit Bleistift und anschließend die sichtbaren Konturen mit dem Filzstift nach, wenn Ihnen das Zeichnen von Überlappungen noch schwerfällt.

Bildsprache entwickeln

Bilder und Symbole

Entdecken Sie am Beispiel eines Fahrrads, wie Sie in wenigen Schritten aus einfachen Grundsymbolen ein Bild entwickeln können.

1. Räder
Zeichnen Sie zwei gleichgroße Kreise mit ca. einem Kreisradius Abstand zwischen den beiden Kreisen.

2. Rahmen I
Setzen Sie zwei Linien: eine Linie zwischen die beiden Kreise, die andere in den rechten Kreis.

3. Rahmen II
Setzen Sie an die linke Linie zwei Dreiecke.

4. Sattel und Lenker
Zeichnen Sie für den Sattel ein Oval und für den Lenker einen offenen Halbkreis.

5. Radspeichen
Für die Speichen zeichnen Sie kurze schnelle Striche vom Mittelpunkt des Rades nach außen.

6. Boden
Setzen Sie durch eine Linie einen Horizont.

© managerSeminare

Bilder & Charts gestalten

So wie ein Fahrrad in wenigen Schritten aus Grundformen entstanden ist, lassen sich auch andere Gegenstände einfach zeichnen. Wir unterscheiden dabei zwei Arten von Darstellungen:

Bilder sind Darstellungen von konkreten Begriffen wie zum Beispiel Computer, Dokument, Fahrrad, Boot und so weiter:

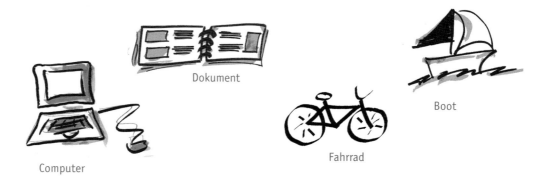

Symbole sind Darstellungen von abstrakten Begriffen wie zum Beispiel Kreativität, Liebe, Konflikt und so weiter:

Visuelle Kürzel zur Darstellung von konkreten und abstrakten Begriffen.

Zur Darstellung von abstrakten Begriffen benötigen Sie zwei Dinge: ein umfangreiches Repertoire von Bildern und eine Idee, wie ein abstrakter Begriff durch einen konkreten Begriff ausgedrückt werden kann. Ein Beispiel: Wenn Sie ein Herz zeichnen können, dann fällt es Ihnen leicht, den abstrakten Begriff Liebe darzustellen, indem Sie einfach zwei Kullermännchen und ein Herz dazwischen zeichnen. Ohne die Bildvokabel Herz dürfte sich eine einfache Darstellung des Begriffs Liebe eher schwierig gestalten ...

Figuren

Ein fünfzackiger Stern ist die Ausgangsform für die Sternenmännchen, mit denen wir eine Fülle von visuellen Aussagen zur menschlichen Kommunikation treffen können.

Bevor Sie ein Sternenmännchen zeichnen, beginnen Sie am besten mit dem Zeichnen eines fünfzackigen Sterns – zunächst mit durchgezogenen Linien und später nur noch mit den Konturen des Sterns. Durch das häufige Zeichnen erlernt ihr Handgelenk, in schnellen Strichen die natürlichen Proportionen eines Sternenmännchens zu erfassen. Wie Sie sehen, besteht der Unterschied zwischen einem fünfzackigen Stern und einem Sternenmännchen lediglich darin, dass Sie den obersten Zacken des Sterns durch einen Kopf austauschen:

 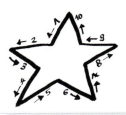 

Üben Sie diese drei Stern-Bilder, ohne den Stift abzusetzen, bis die Bewegung quasi in Ihr Handgelenk einprogrammiert ist.

Hier sind einige Grundposen, die Sie einfach und schnell *aus dem Handgelenk* zeichnen können. Sie können diese Figuren ohne aufwendige Konstruktion sofort auf's Papier bringen – Ihre Strichführung ist sicher und benötigt nicht die Vorstufe einer Bleistiftskizze:

Handgelenk-Figuren müssen viele, viele Male gezeichnet werden, bis sie sitzen. Zeichnen Sie Handgelenk-Figuren am besten täglich – beim Fernsehen oder beim Telefonieren ...

EXKURS Kleines Bildvokabelheft für Trainer

Eckige Textboxen

Bildsprache entwickeln

EXKURS Kleines Bildvokabelheft für Trainer

Runde Textboxen und Banderolen

EXKURS Kleines Bildvokabelheft für Trainer

Bilder & Symbole

- Zeit
- Kosten
- Teilnehmer-Skript
- Termin
- Ort
- Analyse
- Mülleimer
- Material
- Idee Kreativität
- Werkzeug – Methoden
- Fachbuch

Bildsprache entwickeln

EXKURS Kleines Bildvokabelheft für Trainer

Bilder & Symbole

Inhalte

Ziel

Diamant

Konflikt

Ablauf

Nutzen

Spielregeln

Dramaturgie

roter Faden

Ausrichtung

EXKURS Kleines Bildvokabelheft für Trainer

Einzelne und Gruppen

Gruppe

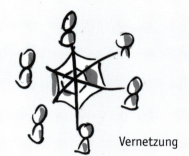

Vernetzung

Selbstreflexion

Sozialkompetenz
Umgang mit Menschen

Selbstkompetenz
Umgang mit sich selbst

Regeln

Distanz

Nähe

EXKURS Kleines Bildvokabelheft für Trainer

Trainer in Aktion

Wissensvermittler

Jongleur

Beobachter

Planer

Umsetzer

Wissenschaftler

Wegweiser

Bilder & Charts gestalten

EXKURS Kleines Bildvokabelheft für Trainer

Tauchen Sie mit Ihren Teilnehmern in Bilderwelten ein. Arbeiten Sie zum Beispiel mit Metaphern aus der Seewelt.

Zu Veränderungsprozessen begeben Sie sich etwa auf eine Seereise, mit frischem Wind in den Segeln, ein Leuchtturm verspricht Orientierung, ein Hai Gefahr und im Fischernetz sammeln wir wertvolle Kostbarkeiten aus dem Meer ...

- Leuchtturm (Orientierung)
- Eisberg (Gefahr)
- Segelboot (Kurztrip, Reise)
- Dampfer (Reise, bequem)
- Kompass (Orientierung)
- Piratenschiff (Gefahr)
- Rettungsring (Sicherheit)
- Anker (Sicherheit, Halt)
- U-Boot (Abtauchen)
- Haiflosse (Gefahr)
- ...

Petra Nitschke: Trainings planen und gestalten

Bildsprache entwickeln

EXKURS Kleines Bildvokabelheft für Trainer

Lieber Boden unter den Füßen? Dann arbeiten Sie mit Metaphern aus der Landwelt.

Begeben Sie sich mit Ihren Teilnehmern aufs Land, beackern Sie Felder, streifen Sie durch Landschaften, ernten Sie Obstbäume …

- Häuser (Sicherheit)
- Straße, Wege (Richtung)
- Verkehrsschilder (Regeln)
- Bäume (Wachstum)
- Autos (Bewegung)
- Felder (Themenfelder)
- …

Bilder & Charts gestalten

Wortschatz systematisch aufbauen

Wie Sie Ihren Wortschatz systematisch aufbauen und erweitern können

Ziel ist, systematisch einen eigenen Wortschatz aufzubauen, mit dessen Bildern Sie sich als Trainer im Allgemeinen und insbesondere in Ihrem Themengebiet visuell ausdrücken können. Im Handout „Bild-Vokabelheft" finden Sie einige Bildvokabeln, mit denen Sie direkt loslegen können. Hier noch einige Anregungen, um Ihren Wortschatz systematisch aufzubauen und zu erweitern:

Ideen produzieren
- Erstellen Sie eine Mind-Map für Struktur und Aufbau Ihres Bildmaterials.
- Erstellen Sie einen Schlagwortkatalog.
- Arbeiten Sie mit Analogien (z.B. aus der Seewelt).
- Differenzieren Sie Grund- und Aufbauwortschatz.

Bildmaterial recherchieren und sammeln
- Legen Sie sich ein Bildwörterbuch zu.
- Suchen Sie im Internet: Geben Sie Begriffe aus Ihrem Schlagwort-Katalog als Suchbegriffe ein (z.B. Google-Bildsuche, in Bildgalerien, …).
- Sammeln Sie Motive aus Magazinen, Zeitschriften, Broschüren, Werbezetteln, Tageszeitungen, Postkarten, Cartoons, Comics, illustrierten Kinderbüchern, …
- Fotografieren Sie Motive, wenn Sie im Alltag unterwegs sind (auf der Straße, in der Natur, vor Geschäften, Kinos, Gaststätten, …).

Bildmaterial bearbeiten
- Zeichnen Sie die Vokabeln ab – verfremden und vereinfachen Sie diese. Entwickeln Sie dabei Ihren eigenen Stil.
- Üben – üben – üben! Die Bildsprache erlernen Sie wie jede andere Sprache auch: durch die tägliche Anwendung und Übungen, z.B. abends vor dem Fernseher scribbeln, im Notizblock, Filofax, überall …

Systematische Datenablage
- Sammeln Sie Ihre Bilder in einem Bildvokabelheft – das kann ein Lose-Blatt-Ordner sein –, beschriften Sie die Vokabeln (z.B.: Leuchtturm = Orientierung).
- Sammeln Sie Ihr rohes Bildmaterial in einem anderen Ordner, auf den Sie bei einer Bildsuche schnellen Zugriff haben.
- Scannen Sie die Bilder ein und legen Sie sie in einem elektronischen Ordner ab, auf den Sie bei der Bildsuche schnellen Zugriff haben.

Basistechniken

BASISTECHNIKEN

Mit fünf einfachen Techniken können Sie lebendige und ansprechende Bilder erzeugen.

In diesem Abschnitt geht es darum, die wesentlichen Techniken zu erlernen, die dazu beitragen, dass Ihr Schriftbild und Ihre Bilder ansprechend, sicher und professionell wirken:

Schriftbild
Erfahren Sie, mit welchen Stiften Sie am besten arbeiten und was Sie bei der Nutzung alles beachten können, um eine ansprechende, gut lesbare Schrift zu erzeugen.

Strichführung
Ein schneller Strich zeugt von Sicherheit. Lernen Sie, wie Sie Ihre Bilder mit einem schnellen Strich zeichnen.

Dynamik
Mit Speedlines erzeugen Sie den Eindruck von Bewegung und zeitlichen Abläufen. Mit einem schnellen Strich und einfachen Mitteln können Sie Ihr Bild lebendig machen.

Schattierung
Mit Schatten erzeugen Sie den Eindruck von Dreidimensionalität und räumlicher Tiefe. Hier erfahren Sie, wie ein Schatten entsteht und wie Sie ihn einfach und ohne aufwendige Konstruktion zeichnen können.

Farben
Mit dem Einsatz von Farben kommen Emotionen ins Spiel. Lernen Sie hier einfache Grundprinzipien für den Einsatz von Farben kennen und welche psychologische Wirkung Farben haben.

Schriftbild

Befolgen Sie vier einfache Grundprinzipien, um Ihr Schriftbild zu verbessern:

1. Stiftwahl

Entscheidend für die Schriftqualität ist der richtige Stift: Je nachdem, ob Sie Überschriften oder Fließtext schreiben oder Bilder und Konturen zeichnen, verwenden Sie Stifte mit eckigen Keilspitzen oder runden Spitzen in verschiedenen Strichstärken.

Diese Stifte sollten beim Schreiben und Visualisieren zu Ihrer Grundausrüstung gehören:

Stifteinsatz bei der Gestaltung von Überschriften, Text und Bildern.

Überschriften
Verwenden Sie beim Schreiben von Überschriften schwarze (!) Marker mit einer breiten Keilspitze, z.B. Edding 800.

Text
Verwenden Sie beim Schreiben von Text auf Flipchart oder auf Moderationskarten schwarze (!) Marker mit einer schmalen Keilspitze, z.B. Edding 383.

Bilder
Verwenden Sie beim Zeichnen von Bildern und Konturen schwarze (!) Marker mit runder Spitze, z.B. Edding 3000.

Schatten
Verwenden Sie beim Zeichnen von Schatten graue (!) Layout-Marker mit schmaler oder breiter Keilspitze, z.B. Copic WIDE Marker, Copic Marker, Copic Sketch oder Copic Ciao.

2. Stifthaltung

Entscheidend für die Schriftqualität ist die richtige Stifthaltung. Schreiben Sie immer auf der ganzen Kante und achten Sie darauf, dass Sie den Marker beim Schreiben nicht auf die Spitze drehen. Wenn Sie auf der ganzen Kante schreiben, nutzen Sie die volle Qualität der Keilspitze und Ihre Schrift bekommt einen kalligrafischen Effekt (rechtes Bild). Falls Sie beim Schreiben den Stift auf die Spitze drehen, ist es der gleiche Effekt, als würden Sie auf einer runden Spitze schreiben (linkes Bild):

Kalligrafischer Effekt: Der Strich des Markers nimmt verschiedene Stärken an, wenn Sie konsequent auf der ganzen Kante schreiben.

Halten Sie beim Schreiben den Stift so, dass das spitze Ende der Keilspitze immer in die gleiche Richtung zeigt. Unten im Bild zeigt die Spitze auf etwa 8 Uhr – bei dieser Haltung erzielen Sie ein optimales Schriftbild.

Die Keilspitze des Markers zeigt hier auf 8 Uhr. Dadurch bekommen Sie beim Schreiben ein optimales Schriftbild.

Achtung: Bei Linkshändern gilt die 8-Uhr-Regel nicht! Falls Sie Linkshänder sind, muss das spitze Ende der Keilspitze Ihres Markers auf 2 Uhr zeigen, um ein optimales Schriftbild zu erzielen.

3. Typografie

Eine gut lesbare Handschrift unterteilt sich der Lesbarkeit wegen in eine Ober-, Mittel- und Unterlänge, wobei die Mittellänge etwa 3/5 der Gesamthöhe beträgt. Schriften mit hoher Mittellänge sind besonders gut lesbar.

Es gibt im Alphabet einige Grundbuchstaben, aus denen sich andere Buchstaben leicht ableiten lassen, so ist zum Beispiel der Buchstabe c der Grundbuchstabe für eine Reihe anderer Buchstaben (a, b, d, e, g, o, p und q). Sie können sich diese Kenntnis zunutze machen, indem Sie zunächst den Buchstaben c zeichnen und anschließend den entsprechenden Buchstaben durch eine Linie vervollständigen.

C als Grundbuchstabe

Mit regelmäßiger Übung können Sie Ihr Schriftbild wesentlich verbessern. Üben Sie zunächst mit den Hilfslinien für Ober-, Mittel- und Unterlänge – später funktioniert es auch ohne.

Computerschrift Arial auf Seite 180

Arial ist eine schlichte und gut lesbare Computerschrift, deren Mittellänge exakt 3/5 der Gesamthöhe beträgt.

Mein Tipp für das Einüben einer lesbaren Handschrift: Drucken Sie die Schriftzeichen in Arial auf einem DIN-A4-Bogen aus und zeichnen Sie die Buchstaben mit einem Marker mit Keilspitze nach.

4. Grundregeln
Last but not least sind hier noch vier Grundregeln aufgeführt, die Sie beim Schreiben einhalten sollten: Schreiben Sie in Druckbuchstaben anstatt in Schreibschrift. Benutzen Sie Groß- und Kleinbuchstaben, das Lesen von Blockschrift ist auf Dauer sehr anstrengend. Achten Sie darauf, dass die Buchstaben eng beieinander liegen und ca. ein Buchstabe Leerraum zum nächsten Wort besteht. Verzieren Sie Ihre Buchstaben nicht mit zeitraubenden Schnörkeln, sondern bevorzugen Sie eine schlichte Gestaltung der Buchstaben.

Bei der Einhaltung dieser Grundregeln erreichen Sie, dass Ihre Schrift ansprechend und auch in weiter Entfernung gut lesbar ist. Ihre Teilnehmer werden es Ihnen danken!

Strichführung

Diese Übung schult die Geschicklichkeit Ihrer Hand. Das Ziel: eine sichere und schnelle Strichführung. Denn: Unsicheres Auftreten wirkt wenig überzeugend! Ebenso ist es bei der Strichführung: Langsame Striche bekommen meist Dellen und wirken wacklig und unsicher. Ein **Strich** mit hohem Tempo hingegen wirkt fest und sicher:

Ein zaghafter Strich wirkt unsicher. Striche mit hohem Tempo hingegen wirken sicher und dynamisch.

Trainieren Sie den Strich täglich! So, wie man im Sport die Muskeln aufwärmt, sollten Sie sich zu Beginn zehn Minuten warmzeichnen: Zeichnen Sie alle Grundformen im schnellen Strich – Linien, Kreise und Ovale, Drei- und Vierecke, Pfeile, Spiralen, ... Üben Sie den Strich sowohl kleinformatig auf DIN-A3-Bögen als auch großformatig auf Flipchart oder Pinnwand-Papier.

Merkmale des schnellen Strichs: Hier sind die Formen meist geöffnet und der Strich verläuft am Ende wie ein Pinselstrich.

Hier ein paar schnell gezeichnete Striche, Linien und Ovale, gezeichnet mit einem Marker.

Hier zum Vergleich ein schnell gezeichneter Kreis mit Pinsel und Tusche.

Dynamik

Ein Beispiel für die schnelle Strichführung ist das Zeichnen von Speedlines – wie der Name schon sagt, werden diese Linien nämlich schnell gezogen.

 Speedlines, auch Actionlinien genannt, sind dazu da, um Bewegung im Bild darzustellen. Es sind schnelle und leichte Striche, die vom Objekt weggezogen werden.

Spätestens jetzt macht es Sinn, dass Sie sich einen schnellen und sicheren Strich angeeignet haben. Denn die sogenannten Speedlines, mit denen wir Bewegung in Gegenständen, Duft und Hitze in unserem Kaffee oder den schmerzhaften Zusammenprall visualisieren wollen, sie müssen flott über das Papier gezeichnet werden, sonst wirken sie nicht!

Speedlines finden Sie zuhauf in der Welt der Comics. Mittels dieser Dynamiklinien lassen sich Dinge darstellen, die sonst nicht wahrnehmbar sind, wie zum Beispiel Geruch, Wärme und Kälte, Geschwindigkeit, Bewegung, Klang, Transpiration, Erschöpfung, Anstrengung, Wut, Lautstärke, Energie und vieles mehr …

Hier noch einige Tipps zum Umgang mit Speedlines:

- Speedlines werden dünn und mit schnellem Strich aufgetragen.
- Die Richtung ist entscheidend! Speedlines werden immer vom Objekt aus gezeichnet, nicht zum Objekt hinführend!
- Sie können die Wirkung von Speedlines noch durch andere Elemente unterstützen, z.B. durch kleine Rauchwolken, um hohe Geschwindigkeit zu erzeugen.
- Hier gilt das Prinzip: sparsamer Umgang – weniger ist ab und zu mehr!

Schattierung

Licht ist ein entscheidender Faktor, um räumliche Wirkung zu erzielen. Dazu müssen Sie nicht mit wissenschaftlicher Akribie, lichttechnischen Details und Beleuchtungsraffinessen herangehen. Um mit wenigen Strichen einfache Lichtreflexe zu setzen, müssen Sie lediglich wissen, von wo die Lichtquelle kommt, an welchen Stellen das Objekt einen Eigenschatten erzeugt und wie der Schlagschatten aussieht.

Sehen Sie in der Abbildung, wie allein durch das Einzeichnen eines kleinen abgerundeten Quadrates und eine halbkreisförmige Schraffur aus einem Kreis eine Kugel wird.

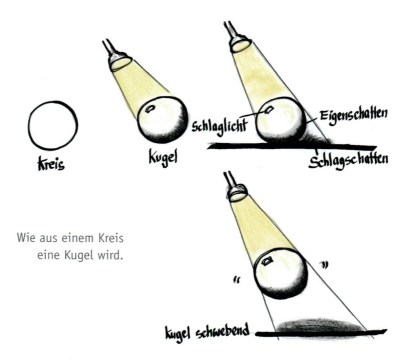

Wie aus einem Kreis eine Kugel wird.

Je nachdem, wo Sie den Horizont festlegen, erscheint Ihnen die Kugel auf dem Boden liegend oder in der Luft schwebend.

Basistechniken

Wie schattieren Sie?
Die Form eines Schattens können Sie sehr leicht konstruieren: Nehmen Sie sich einen beliebigen Gegenstand und legen Sie die Position der Lichtquelle fest. In diesem Beispiel ist sie oben links. Legen Sie die gleiche Form unten rechts versetzt an. Die überlappende Fläche unter Ihrem Gegenstand ist dann der Schatten. Sie können den Schatten entweder schraffiert darstellen oder Sie setzen mit einem grauen Filzstift einen schnellen und einfachen Strich:

Wie Sie den Schatten eines Vierecks konstruieren

Auf die gleiche Art und Weise lassen sich alle Grundformen und auch zusammengesetzte Formen, wie z.B. ein Pfeil, konstruieren:

Ebenso die Schatten verschiedener Grundformen

Des Weiteren lässt sich eine räumliche Wirkung erzeugen, wenn Sie Formen überlappen. Die überdeckten Formen wirken, als seien sie weiter entfernt. So erzeugen wir Perspektive ohne komplizierte Konstruktion:

Grundformen überlappen sich und erzeugen den Eindruck von räumlicher Anordnung

So können Sie auf einfache Weise Grundformen in Szene setzen. Probieren Sie es einfach aus.

© managerSeminare

Kleine Farblehre

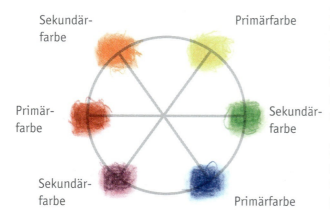

Die drei **Primärfarben** Gelb, Rot und Blau sind die wichtigsten Bausteine der Farbe. Alle anderen Farben werden von diesen dreien abgeleitet: So entstehen aus jeweils zwei Primärfarben die gemischten **Sekundärfarben** Orange, Violett und Grün. Diese sechs Farben hat Goethe damals in einem Farbkreis angeordnet.

Die sogenannten **Komplementärfarben** liegen sich auf dem Kreis direkt gegenüber. Die Komplementärfarbe jeder Primärfarbe (Gelb, Rot und Blau) ist eine Sekundärfarbe (Violett, Grün und Orange).

Die drei wichtigsten Merkmale einer Farbe sind:

- **Farbton** ist die Bezeichnung der Farbe (Gelb, Rot, Blau, …).
- **Farbwert** ist der Helligkeits- bzw. Dunkelheitsgrad einer Farbe (Dunkelblau, …).
- **Intensität** (auch: Sättigung) ist die Leuchtkraft oder Stumpfheit einer Farbe.

Bei der Kombination von Farben gelten drei einfache Grundprinzipien:

analoge Farben

komplementäre Farben

monochrome Farben

- **Analoge** Farben (Nachbarn im Farbkreis, z.B. blau und grün) wirken harmonisch.
- **Komplementäre** Farben (im Farbkreis gegenüber, z.B. grün und rot) wirken dynamisch.
- **Monochrome** Farben (verschiedene Farbwerte einer Farbe) wirken beruhigend.

Grundsätzlich gilt auch bei der Farbgestaltung das Prinzip: *Weniger ist mehr*. Damit Ihr Bild nicht zu bunt wirkt, reduzieren Sie den Einsatz von Farben auf maximal zwei bis drei Farben. Sehr edel wirkt die Kombination aus einer Farbe (in verschiedenen Farbwerten) mit Grautönen.

Basistechniken

Wirkung von Farben

Die Wahrnehmung von Farben wirkt psychologisch auf zweierlei Arten: Zum einen ruft Farbe Assoziationen hervor (*rot – Feuer, grün – Gras, gelb – Zitrone*) und zum anderen ruft Farbe Gefühle hervor (*rot – aggressiv, grün – heiter, gelb – freudig*). Erfahren Sie hier, welche Assoziationen und Gefühle die Grund- und Sekundärfarben auslösen:

Gelb hat eine Signalwirkung und bedeutet: Achtung! Häufig wird Gelb anstelle der Farbe Gold verwendet. Assoziierte Begriffe: Zitrone – Frische – Fröhlichkeit – Lebensfreude – Lebenskraft – Liberalismus – Neid – Hass – Eifersucht ...

Orange gilt als stimmungsaufhellend und stimulierend. Assoziierte Begriffe: Orange – Erfrischung – Fröhlichkeit – Jugend – Buddhismus – das Exotische – Geselligkeit – Energie – Mut – Lust – Freude ...

Rot hat eine starke Signalwirkung und bedeutet: Stop! Assoziierte Begriffe: Blut – Feuer – Energie – Wärme – Liebe – Leidenschaft – Erotik – Sünde – Gefahr – Leben – Freude – Scham – Zorn – Aggression ...

Grün ist eine Signalfarbe und steht für den normalen, positiven oder ordnungsgemäßen Zustand. Assoziierte Begriffe: Gras – Natur – Gift – Nachhaltigkeit – Hoffnung – Frieden – Frische – Fruchtbarkeit – Neid – Freude ...

Blau ist eine Farbe, die auf die meisten Menschen kühl wirkt. Assoziierte Begriffe: Wasser – Himmel – Freiheit – Kälte – Adel – Ferne – Sehnsucht – Treue – Wissen – Beständigkeit – Harmonie – Ausgeglichenheit – Ruhe ...

Violett ist eine Farbe, die häufig synonym gebraucht wird für Lila, Purpur, Magenta und Pink. Assoziierte Begriffe: Kreativität – Geistlichkeit – Mystik – Geheimnis – Emanzipation – Macht ...

Farbe erweitert das Erlebnis des Zeichnens um ein gewaltiges emotionales Element. Farben machen unsere Zeichnung lebendig.

Beachten Sie bei Ihrer Visualisierung also neben den Prinzipien der Farbgestaltung zusätzlich noch die psychologische Wirkung, die die eingesetzten Farben auf Menschen hat.

VON DER SKIZZE ZUR ZEICHNUNG

Die vier Phasen bei der Erstellung einer Zeichnung.

Egal auf welchem Papierformat Sie arbeiten – diese vier Phasen sind immer gleich:

1. Skizzieren
Zunächst skizzieren Sie mit einem Bleistift. Sie entwerfen mit einfachen Strichen Ihr Motiv. In diesem Stadium sind weder Details noch Schönheit gefragt. Lassen Sie Ihren Bleistift mit mehreren Strichen die richtige Kontur finden. Den Rest können Sie später wegradieren.

2. Kontur setzen
Die Kontur setzen Sie mit einem Marker. Die Qualität der Kontur liegt im schnellen Strich – er verleiht Ihrer Zeichnung einen sicheren und professionellen Ausdruck. Setzen Sie die äußeren Ränder in einer stärkeren Kontur als das Innenleben.

3. Schatten setzen
Anschließend setzen Sie den Schatten. Ziehen Sie je nach definiertem Lichteinfall auf der gegenüberliegenden Seite mit einem grauen Filzstift einen Strich, der einen Schatten andeutet. So bekommen Sie eine dreidimensionale und perspektivische Wirkung in Ihr Bild.

4. Farbe setzen
Als Letztes setzen Sie die Farbe. Probieren Sie vor dem Einfärben Ihres Originals ein paar Farbmuster anhand einer Kopie aus. Einfärben können Sie z.B. mit Kreiden und Buntstiften. Wählen Sie möglichst nicht mehr als drei Farben für Ihr Motiv.

Sehen Sie im Folgenden, welche Grundausrüstung Sie benötigen und wie Sie diese vier Phasen bei der Gestaltung von (kleinformatigen) Bildern, einfach strukturierten Flipcharts und aufwendigen Postern realisieren.

Von der Skizze zur Zeichnung

Grundausrüstung

Was wir in den vier Phasen alles an Material brauchen.

Papier
Beim Erstellen von Bildvokabeln arbeiten Sie kleinformatig auf DIN-A3-Bögen bzw. großformatig auf Flipchart oder Pinnwand-Papier. Wichtig ist eine gute Qualität des Papiers. Es sollte schön dick sein und strahlend weiß. Nur auf gutem Papier macht die Arbeit beim Zeichnen Spaß!

Bleistift und Radierer zum Skizzieren
Sie skizzieren den Rohentwurf mit einem Bleistift. Mit dem Bleistift können Sie die Linie suchen, die Sie im nächsten Schritt mit dem Marker nachziehen. Wählen Sie einen weichen Bleistift, der sich anschließend gut wegradieren lässt.

Marker für Konturen
Mit einem schwarzen Marker ziehen Sie Konturen nach. Je nachdem, ob Sie Überschriften oder Fließtext schreiben oder Bilder und Konturen zeichnen, verwenden Sie Stifte mit eckigen Keilspitzen oder runden Spitzen in verschiedenen Strichstärken.

Copic Marker zum Schattieren
Zum Schattieren greifen Sie auf Designerstifte zurück: Mit grauen Copic Markern in unterschiedlichen Strichstärken können Sie einfach und schnell Schatten erzeugen und damit Räumlichkeit und Dreidimensionalität ins Spiel bringen.

Pastellkreide zum Kolorieren
Pastellkreide eignet sich hervorragend, um großflächig zu kolorieren. Vorsicht: Pastellkreide besteht zu einem sehr hohen Anteil aus Farbpigmenten. Tragen Sie die Kreide deshalb nur sparsam auf und verreiben Sie diese anschließend kreisförmig mit einem Taschentuch.

© managerSeminare

EXKURS Grundausrüstung

Das A und O – gutes Papier und Bleistifte zum Scribbeln.

Papier
Achten Sie bei der Papierwahl unbedingt auf gute Qualität!

- DIN A4, 100g – 120g, reinweiß
- DIN A3, 120g – 160g, reinweiß
- DIN A2, 160g – 200g, reinweiß
- Flipchartpapier 80g, reinweiß
- Moderationspapier 80g, weiß

Ein Tipp von mir: Im Künstlerbedarfhandel (z.B. bei Boesner) gibt es Klemmen, sodass Sie Ihr Papier auf Klemm-Mappen befestigen können (siehe Foto). Flipchartpapier können Sie auf sogenannten *Polyplan*-Platten (10x700x1.000 mm) festklemmen – eine kostengünstige, federleichte und leicht transportierbare Flipchart-Variante.

Bleistifte
Zum Scribbeln und Skizzieren besorgen Sie sich am besten mehrere Bleistifte verschiedener Härtegrade (2B, 3B, 4B, ...) sowie Anspitzer und Radiergummi.

Ich empfehle: Wählen Sie Ihre Bleistifte nicht zu hart – sonst lassen sich die Vorzeichnungen nicht so gut wegradieren.

EXKURS Grundausrüstung

Farben dürfen in Ihrem Visualisierungskoffer auf keinen Fall fehlen.

Pastell-Kreide
- 24er-Paket z.B. von Jaxell oder Faber-Castell
- Knetgummi zum Radieren
- Taschentücher zum Verwischen
- Fixierspray zum Fixieren

Ein Tipp von mir: Sie können zum Fixieren der Kreide auch Haarspray benutzen. Das ist wesentlich günstiger!

Buntstifte
Jumbo-Buntstifte in den Farben gelb, orange, rot, hellgrün, dunkelgrün, hellblau, dunkelblau, violett, beige, hellbraun, dunkelbraun.

EXKURS Grundausrüstung

Bringen Sie Kontur in Ihre Zeichnungen.

Marker
Texte und Überschriften schreiben, Bilder zeichnen, Schatten setzen ... Entscheidend für die Qualität Ihrer Werke ist der richtige Stift. Oberstes Prinzip: Schrift und Konturen immer in schwarz, Schatten immer in grau.

Hier eine kleine Auswahl von Stiften, die beim Schreiben und Visualisieren zu Ihrer Grundausrüstung gehören könnten:

Edding 800
- Zum Schreiben von Überschriften
- Keilspitze (12 mm)
- Tinte auf Alkoholbasis (nachfüllbar)
- Empfohlene Farbe: schwarz

Edding 838
- Zum Schreiben von Text
- Keilspitze (6 mm)
- Tinte auf Wasserbasis (nachfüllbar)
- Empfohlene Farbe: schwarz

Edding 300
- Zum Zeichnen von Konturen
- Runde Spitze
- Tinte auf Alkoholbasis (nachfüllbar)
- Empfohlene Farbe: schwarz

Copic WIDE Marker
- Zum Schattieren auf Flipchart/Pinnwand
- Sehr breite Keilspitze (21 mm)
- Tinte auf Alkoholbasis (nachfüllbar)
- Empfohlene Farbe: grau (C3, C5)

Copic Marker
- Zum Schattieren auf DIN A4/A3/A2
- Keilspitze (5 mm) und Rundspitze
- Tinte auf Alkoholbasis (nachfüllbar)
- Empfohlene Farbe: grau (C3, C5)

Copic Sketch
- Zum Schattieren auf DIN A4/A3/A2
- Keilspitze (5 mm) und Pinselspitze
- Tinte auf Alkoholbasis (nachfüllbar)
- Empfohlene Farbe: grau (C3, C5)

EXKURS Grundausrüstung

Diese Methode erspart Ihnen viel Zeit beim Auffüllen Ihrer Marker: Wiegen Sie Ihre Marker und überprüfen Sie beim Nachfüllen, wie viel Tinte Ihr Marker wirklich braucht.

Wiegen Sie Ihre Stifte! Anhand der untenstehenden Auflistung können Sie überprüfen, ob und, wenn ja, wie viel Tinte die Stifte benötigen. Sie können weiterhin prüfen, wann genug Tinte im Stift ist, und somit ein Überlaufen verhindern.

Hier sehen Sie eine kleine Auflistung der Marker im vollen und leeren Zustand.

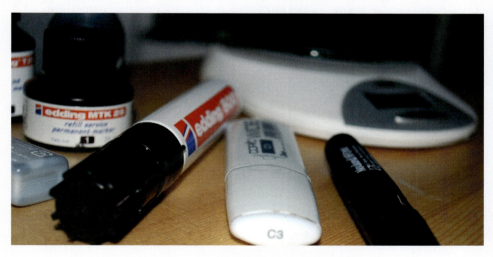

Edding 800
voll: 45g
leer: 38g

Edding 838
voll: 16g
leer: 13g

Edding 300
voll: 16g
leer: 13g

Copic Wide Marker
voll: 27g
leer: 20g

Copic Marker
voll: 19g
leer: 15g

Copic Sketch
voll: 19g
leer: 15g

Wie ein Chart entsteht

Erinnern Sie sich an die Entwurfsphase dieses Charts? Nun soll diese Skizze in ein Großformat umgesetzt werden.

Auf Seite 115 finden Sie den Entwurf für das Chart.

Bevor Sie sich an das Großformat wagen, sollten Sie das Motiv, was auf dem Chartentwurf skizzenhaft angedeutet wurde, zunächst detailliert im Kleinformat zeichnen. Tun Sie dies, wie auf Seite 158 beschrieben, im Vierschritt:

1. Skizze 2. Kontur 3. Schatten 4. Farbe

Scannen Sie das Bild anschließend mit einer Auflösung von 300 dpi ein und fügen Sie es Ihrem elektronischen Vokabelheft hinzu. Auf diese Weise haben Sie das Motiv jederzeit als Vorlage verfügbar und es ist flexibel einsetzbar, auch in Ihren Dokumenten und PowerPoint-Folien. Für die Übersetzung des Motivs auf ein größeres Format gibt es drei Möglichkeiten. Sie können

- das Motiv Freihand Original abzeichnen,
- das Motiv in der gewünschten Größe ausdrucken, unter das Chart legen und abpausen,
- das Motiv mit einem Beamer an die Wand projizieren, das Chart an dieser Wand aufhängen und die Konturen des projizierten Bildes abzeichnen.

Von der Skizze zur Zeichnung

So, die Vorarbeit ist getan. Erstellen Sie nun das Chart im bekannten Vierschritt-Muster:

1. Skizze
Mithilfe Ihrer Vorlage rastern Sie das Flipchartpapier und skizzieren mit einem Bleistift Überschrift, Text und Bildelemente.

2. Kontur
Für die Überschrift setzen Sie einen Überschriftenmarker ein. Für die innere Kontur brauchen Sie Marker mit runder Spitze, für außen einen Marker mit Keilspitze.

3. Schatten
Schatten setzen Sie mit einem grauen Copic WIDE Marker.

4. Farbe
Färben Sie ein mit Kreide oder einem farbigen Copic WIDE Marker.

Mein Tipp: Flipcharts, die Sie zu jedem Training neu zeichnen müssen, können Sie einfach kopieren, indem Sie eine erstellte Chart als Blaupause nutzen und die vorhandenen Konturen auf einem Blankobogen nachzeichnen. Das Flipchartpapier ist dafür durchsichtig genug.

Bilder & Charts gestalten

Wie ein Plakat entsteht

Konzeptentwurf auf Seite 106

Nun soll ein ganzes Konzept auf Plakatgröße dargestellt werden. Im Gegensatz zu Charts werden Poster in der Regel einmalig angelegt und zwar auf gutem Karton statt auf Flipchartpapier. Plakate sind in ihrer inhaltlichen Aussage komplexer und gestalterisch aufwendiger herzustellen.

Konzept erstellen
In dieser Phase sammeln Sie alle relevanten Schlagwörter, legen eine logische Struktur an und scribbeln erste Entwürfe von Bildern und Grafiken.

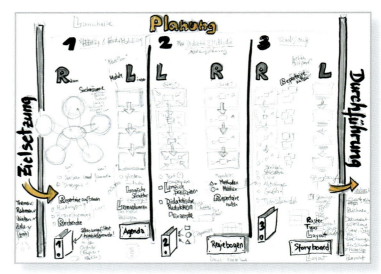

Der Konzeptentwurf soll auf Postergröße übertragen werden. Reduzieren Sie die Fülle der Informationen aus dem Konzept auf eine Storyline aus Überschriften. Finden Sie passende Bilder und Grafiken. Stellen Sie zwei bis drei verschiedene Farbvarianten gegenüber und lassen Sie auf sich wirken, welche Farbe am besten mit den Inhalten harmoniert.

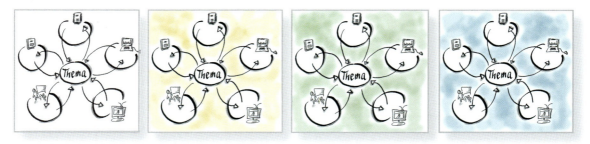

Ist diese Vorarbeit geleistet, können Sie nun in der bekannten Vier-Schritt-Methode das Konzept auf Postergröße übertragen.

Konzeptentwurf übertragen
Poster zunächst rastern, Überschriften, Text und Bildelemente zunächst mit Bleistift übertragen und anschließend mit den entsprechenden Markern die Kontur setzen.

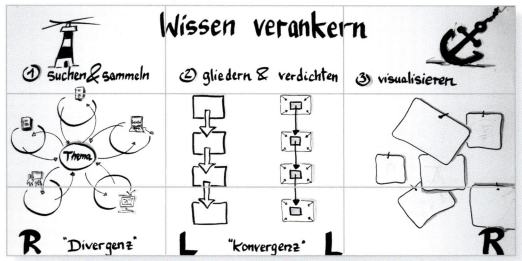

Schatten und Farbe setzen
Schattiert wird mit grauem breiten Copic Marker. Mit Kreide wurde hier der Hintergrund koloriert – dadurch werden die grafischen Elemente hervorgehoben.

SCHRITT IN DIE MEDIENGESTALTUNG

Mit einem großen Repertoire an Bildmaterial sind Sie nun bereit, professionelle Teilnehmerunterlagen zu erstellen.

Was ist geschafft?
Sie haben in diesem Kapitel eine neue Fremdsprache gelernt – die Bildsprache. Sie verfügen nun über einen umfangreichen Wortschatz der visuellen Sprache und haben die passenden Bilder für Ihre Teilnehmerunterlagen zur Verfügung. Sie haben grundlegende Techniken kennengelernt und erfahren, welches Material Sie wann und wofür einsetzen können.

 Sie haben sich ein umfangreiches Repertoire an Bildvokabeln in Form eines **Bildvokabelheftes** angelegt.

 Sie haben auf Basis Ihrer Scribbles und Skizzen professionelle **Flipcharts** und **Poster** für Ihre Trainings angefertigt.

Was Sie als Nächstes erwartet
Als Nächstes tauchen wir ab in die Welt des Grafik-Designs. Hier erfahren Sie, wie Sie Ihre Trainingsunterlagen professionell gestalten können. Dazu bekommen Sie Informationen über Gestaltungsprinzipien, die einfach anwendbar sind und große Wirkung entfalten. Sie erfahren, wie Sie Ihr eigenes Corporate Design entwerfen, Vorlagen erstellen und wie Sie Ihr Bildmaterial in den Dokumenten und Präsentationsfolien unterbringen.

Schritt in die Mediengestaltung

IHRE NOTIZEN

Notieren Sie sich auf dieser Seite alle Informationen, die Ihnen in diesem Kapitel wichtig waren.

Mediengestaltung

MEDIENGESTALTUNG

Mediengestaltung   172

Layout-Elemente   174
Konstruktion des Satzspiegels
Komposition der Layout-Elemente
Textelemente
Bildelemente
Farbmanagement

Layout-Entwicklung   193
Layout-Entwicklung von Dokumenten
Layout-Entwicklung von Folien
POWERPOINT-PRÄSENTATION Leitfaden

Corporate Design Manual   214
EXKURS Corparate Design Manual des Buches

Schritt in die Trainingsgestaltung   220

MEDIENGESTALTUNG

Layout-Elemente, Techniken und Vorgehensweise bei der professionellen Gestaltung von Dokumenten und Präsentationsfolien.

Ideen und Entwurfsphase auf Seite 109

In diesem Kapitel erweitern Sie Ihre gestalterische Kompetenz im Mediendesign und erhalten das notwendige Handwerkszeug für die professionelle Gestaltung von Dokumenten und Präsentationsfolien. Der erste Schritt fand bereits in der Ideen- und Entwurfsphase statt. Dort haben Sie die Layouts auf Papier gescribbelt, Entwürfe kreiert und Entscheidungen getroffen über:

- Seitenformat (Hoch- oder Querformat, einzel- oder doppelseitig)
- Satzspiegel und Raster (Weißraum, Grundflächen, Ränder und Textspalten)
- Komposition der Layout-Elemente (Verhältnis von Überschriften, Text und Bild)

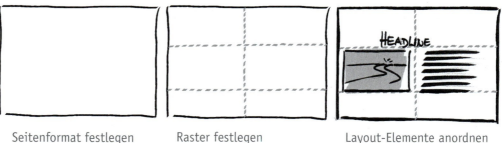

Seitenformat festlegen   Raster festlegen   Layout-Elemente anordnen

Nun erfolgt die Umsetzung Ihrer skizzierten Rohentwürfe auf dem PC. Bevor Sie ein neues Dokument angelegen, werden Sie sich mit folgenden Fragen beschäftigen:

- Wie lege ich die Grundfläche fest?
- Wie gestalte ich den Text?
- Welche Farben setze ich konkret ein?
- Welches Bildmaterial setze ich ein?

Die Umsetzung erfolgt stets im Dreischritt: Zuerst legen Sie die Seitenränder und damit den Satzspiegel Ihres Dokumentes fest. Anschließend positionieren Sie Ihre Text- und Bildelemente. Dabei arbeiten Sie zunächst mit Blindtext und Bildplatzhaltern und erst zum Schluss tauschen Sie diese Elemente durch den eigentlichen Text und die Bilder aus.

Mediengestaltung

Bei der Layout-Entwicklung von Präsentationsfolien gelten besondere Gestaltungsprinzipien. Sie erfahren exemplarisch an einem Beispiel, wie Sie mit einfachen Mitteln professionelle und ästhetische Folien erstellen.

Im letzten Abschnitt erfahren Sie, wie Sie ein einheitliches, durchgängiges und unverwechselbares gestalterisches Erscheinungsbild Ihrer Dokumente und Folien definieren.

Hier nun die vorgeschlagene Reiseroute durch das Kapitel „Mediengestaltung":

1. Layout-Elemente

Auf Basis Ihrer Skizzen legen Sie die Layout-Elemente fest, die Sie in Ihrem Dokument einbauen wollen:

Satzspiegel – Festlegung von Grundfläche und Rändern
Seitenaufbau – Komposition der Layout-Elemente auf der Grundfläche
Textelemente – Schriftwahl und Absatzformatierung
Bildelemente – Festlegung und Bearbeitung der Bildelemente
Farbmanagement – Festlegung von Farben

2. Layout-Entwicklung

Die Layout-Entwicklung von Dokumenten und Präsentationsfolien erfolgt im Dreischritt:

1. Dokument erstellen und einrichten
Sie legen die Seitenränder der Seite bzw. Folie fest.

2. Grob-Layout
Sie platzieren Text- und Bildelemente in Form von Blindtexten und Bildplatzhaltern.

3. Rein-Layout
Sie ersetzen Blindtexte und Bildplatzhalter durch die tatsächlichen Texte und Bilder.

Ziel ist es, professionelle Unterlagen zu erstellen und für sich ein durchgängiges Corporate Design zu entwickeln.

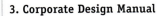

3. Corporate Design Manual

Sie entwickeln für Ihre Dokumente und Folien ein durchgängiges Layout mit Wiedererkennungswert. In einem Corporate Design Manual werden Gestaltungsrichtlinien definiert und festgelegt.

LAYOUT-ELEMENTE

Wie Überschriften, Texte und Bilder zu einer harmonischen Einheit werden.

 Auf Basis Ihrer Skizzen legen Sie die Layout-Elemente fest, die Sie in Ihrem Dokument einbauen wollen. In diesem Abschnitt erhalten Sie zu den Komponenten Hintergrundwissen und Anregungen, wie Sie systematisch Ihr eigenes Design entwickeln können.

Satzspiegel
Bei der Konstruktion des Satzspiegels werden Grundfläche und Ränder festgelegt. Der wichtigste Grundsatz hierbei lautet: Schaffen Sie Freiraum für Ihre Leser!

Seitenaufbau
Dabei bestimmen Sie die Komposition der Layout-Elemente auf der Grundfläche. Nachdem der Satzspiegel festgelegt ist, werden die Elemente in der Grundfläche positioniert. Bei der Komposition der Layout-Elemente lautet der wichtigste Grundsatz: Harmonie! Die Text- und Bildelemente sind dabei in einem harmonischen Einklang miteinander zu verbinden.

Textelemente
Hier legen Sie Ihre Schrift- und Absatzformate fest. Oberstes Ziel bei der Gestaltung der Textelemente ist eine leichte und gute Lesbarkeit des Textes. Sie lernen die wesentlichen Einflussfaktoren für die gute Lesbarkeit von Texten kennen, die Sie bei der Formatierung Ihrer Dokumente berücksichtigen sollten.

Bildelemente
Hier geht es um die Positionierung und Bearbeitung von Bildelementen. Nutzen Sie die Macht der Bilder. Ob Fotomaterial, eigene Illustrationen, Abbildungen oder Grafiken: Bildelemente unterstützen und verstärken die Inhalte in Ihren Texten.

Farbmanagement
Hier geht es um den systematischen Einsatz von Farben. Erfahren Sie, wie Sie sich Ihren Farbkatalog zusammenstellen und welche Gesetze in der Farbharmonie gelten.

Layout-Elemente

Konstruktion des Satzspiegels

Zu einem guten Layout gehört, dass Sie nicht an den Rändern sparen! Das Lesen eines Textes mit wenig Seitenrand ist anstrengend – außerdem können sich Ihre Leser keine Randnotizen machen. Ein gutes Seitenlayout sollte deshalb nicht nur aus bedruckten Flächen bestehen, sondern auch genügend Leerfläche bieten. Bei der Konstruktion des Satzspiegels werden Grundfläche und Ränder festgelegt. Die Elemente eines Satzspiegels sind:

- Grundfläche (Text und Bild)
- Bundsteg (innerer Rand)
- Kopfsteg (oberer Weißbereich)
- Außensteg (äußerer Weißbereich)
- Fußsteg (unterer Weißbereich)

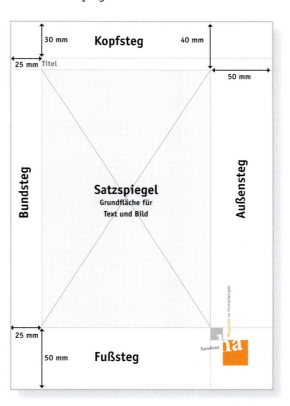

Der kleinste Steg ist im Bund, am Kopf steht er etwas größer, noch größer an der Außenkante, der größte Steg ist am Fuß der Seite.

Der Fußsteg sollte immer breiter sein als der Kopfsteg. Der Außensteg sollte immer breiter sein als der Bundsteg. Machen Sie den Außensteg so breit, dass man am Rand noch Notizen machen kann.

Bei der Konstruktion eines Satzspiegels gilt folgende einfache Faustformel: Ein DIN-A5-Bogen auf einem DIN-A4-Bogen stellt ein gutes Verhältnis für die Gestaltung eines lesefreundlichen Satzspiegels dar.

Einzel- oder Doppelseite?
Entscheiden Sie sich für Einzel- oder Doppelseite. Bedenken Sie, dass Sie beim Einrichten einer Doppelseite einen spiegelbildlich symmetrisch angeordneten Satzspiegel konstruieren müssen, d.h., bei der linken Doppelseite ist der Bundsteg rechts und bei der rechten Doppelseite ist der Bundsteg links.

Komposition der Layout-Elemente

Nachdem der Satzspiegel festgelegt ist, werden nun die Elemente in der Grundfläche positioniert. Text- und Bildelemente sind dabei in einem harmonischen Einklang miteinander zu verbinden. Bei der Komposition der Layout-Elemente lautet der wichtigste Grundsatz: Harmonie! Die einzelnen Text- und Bildelemente sind:

Bei der Konstruktion des Satzspiegels werden Grundfläche und Ränder festgelegt. Der wichtigste Grundsatz hierbei lautet: Schaffen Sie Freiraum für Ihre Leser!

Layout-Elemente

① Titel
Der Titel des Dokumentes befindet sich links ausgerichtet auf der Linie, die den Kopfsteg optisch vom Satzspiegel trennt.

② Seitenangaben
Seitenangaben befinden sich außerhalb des Satzspiegels, für gewöhnlich am oberen oder unteren Bereich des Außenstegs.

③ Headlines
Headlines sollten sich in der Schriftgröße und gegebenenfalls auch in der Schriftfarbe deutlich vom Grundtext abheben.

④ Subtext
Der Subtext nimmt Bezug auf die Headline und leitet in den Fließtext über. Ein Subtext ist maximal drei Zeilen lang und hebt sich optisch von Headline und Fließtext ab.

⑤ Fließtext
Mit Fließtext wird der Grundtext bezeichnet. Oberstes Ziel bei der Gestaltung des Fließtextes ist dessen leichte und gute Lesbarkeit.

⑥ Marginalien
Marginalien sind kurze Hinweise oder Bemerkungen im Randbereich. Auch sie sollten sich in der Schriftgröße und Schriftfarbe vom Grundtext abheben.

⑦ Aufzählungen
Aufzählungen dienen dem Leser zur Strukturierung der Inhalte. Zur Auflistung stehen verschiedene Zeichen wie Kreise, Dreiecke oder Quadrate zur Verfügung.

⑧ Bildelemente
Bilder werden links, rechts oder unter dem Fließtext platziert. Wichtig ist, dass immer ein unmittelbarer Bezug zwischen Bildelement und Text deutlich wird.

⑨ Logo
Logo und Wort-Bild-Marken werden außerhalb des Satzspiegels platziert. Ein Logo befindet sich für gewöhnlich im linken oder rechten Kopfstegbereich.

Textelemente

Oberstes Ziel bei der Gestaltung der Textelemente ist eine leichte und gute Lesbarkeit des Textes. Bei den Teilnehmerunterlagen ist es sehr wichtig, dass die Inhalte so aufbereitet werden, dass Sie gut lesbar und einprägsam sind. Hier zunächst ein schlechtes Beispiel:

Dieser Text wurde in Courier 10 pt mit einem Zeilenabstand von 8 pt geschrieben

> Ich bin ein Text, den man schwer lesen kann! Das liegt zum einen daran, weil meine Schrift proportional ist, das bedeutet, dass alle Buchstaben den gleichen Abstand zueinander haben, wie früher bei der Schreibmaschine. Außerdem habe ich mir bei der Struktur wenig Mühe gegeben – ich habe einfach alles hintereinander weggeschrieben, ohne Struktur – was soll ich sagen – es ist einfach anstrengend, mich zu lesen – oder wie geht es Ihnen dabei?

Es gibt einige Einflussfaktoren für die gute Lesbarkeit von Texten, die Sie bei der Formatierung Ihrer Dokumente berücksichtigen sollten:

- Schriftart (serifenbetont oder serifenlos)
- Schriftschnitte (normal, fett, kursiv, fett kursiv)
- Schriftgröße (für Headline, Fließtext und Marginalie)
- Schriftfarbe und Hintergrund
- Buchstabenabstand, Zeilenabstand und Zeilenlänge
- Absatz (Gliederung und Ausrichtung: rechts-, linksbündig, Blocksatz)
- Aufzählungen und Nummerierungen

Dieser Text wurde in Arial 10 pt mit einem Zeilenabstand von 13 pt geschrieben.

> Ich bin ein gut lesbarer Text in Arial mit einem passenden Zeilenabstand. Ich bin ein Text, bei dem einfach alles stimmt:
>
> - die Schriftart ist gut lesbar
> - die Schriftgröße gefällt
> - der Abstand ist gut
>
> So ist das Lesen nicht so anstrengend und es macht doch viel mehr Spaß, mich zu lesen – oder was meinen Sie?

Legen Sie in Ihrem Textverarbeitungsprogramm bei der Erstellung des Dokumentes von vornherein alle Formatierungen für Zeichen-, Absatz-, Listen- und Tabellenformate fest.

Layout-Elemente

Grundbestandteile der Schrift
Bei der Typografie beschäftigen wir uns mit dem Schriftbild und den Merkmalen, die Schriften voneinander unterscheiden. Ein großes Unterscheidungsmerkmal ist die unterschiedliche Schrifthöhe. Man misst die Schrifthöhe in der Mittellänge, auch **x-Länge** genannt. Dies ist die Höhe der Kleinbuchstaben ohne Ober- und Unterlänge (die Buchstaben a, c, e, m, n, o, r, s, u, v, w, x, z). Eine Schrift mit einer hohen x-Höhe wird bei gleicher Schriftgröße als größer empfunden als Schriften mit kleiner x-Höhe.

Serifenfreie Schrift „Arial"

Ein weiteres großes Unterscheidungsmerkmal sind die sogenannten Serifen. Als **Serife** (Franz.: *Füßchen*) bezeichnet man die feinen Linien, die einen Buchstabenstrich am Ende, quer zu seiner Grundrichtung, abschließen:

Serifenbetonte Schrift „Times"

Weil Serifen die Lesbarkeit eines (gedruckten) Textes verbessern, werden längere Texte üblicherweise in einer Serifenschrift gedruckt.

Schriftarten

Schriftarten werden in Deutschland über eine DIN-Norm in elf Schriftgruppen unterteilt, zum Teil nach geschichtlichen Gesichtspunkten und zum Teil nach Stilmerkmalen. Bei der Klassifikation spielen die Serifen eine wichtige Rolle. Eine sehr grobe Unterteilung findet in serifenbetonte (**Antiqua**) und serifenlose Schriften (**Groteske**) statt:

- Zu den serifenbetonten Schriften zählen z.B. Times, Georgia, Courier, …
- Zu den serifenlosen Schriftarten zählen z.B. Arial, Helvetica, Verdana, Tahoma, Gill, …

Im Beispiel sehen Sie, dass sich diese Schriften sehr voneinander unterscheiden. Sie wirken trotz gleicher Schriftgröße unterschiedlich groß, besitzen unterschiedliche Laufweiten und sind nicht alle gleichermaßen gut lesbar. Sehr große Laufweiten führen dazu, dass Texte sehr viel mehr Platz in Anspruch nehmen.

Verschiedene Schriftarten mit unterschiedlichem Erscheinungsbild hinsichtlich Größe und Länge. Alle Schriften sind in 10 pt gewählt.

Ich bin ein Text in Times.
Ich bin ein Text in Georgia.
Ich bin ein Text in Courier.

Ich bin ein Text in Arial.
Ich bin ein Text in Verdana.
Ich bin ein Text in Gill Sans.

Mein Tipp: Verwenden Sie in Ihren Dokumenten immer nur eine Schriftart. Wählen Sie eine Schrift, die zu Ihrer Zielgruppe gut passt (z.B. nur bei Jugendlichen die Comicschrift). Eine schlichte und gut lesbare Schrift ist **Arial**:

Zeichensatz von Arial: Groß- und Kleinbuchstaben und Zahlen.

ABCDEFGHIJKLM
NOPQRSTUVWXYZ
abcdefghijklm
nopqrstuvwxyz
1234567890

Schriftschnitt

Ein *Schriftschnitt* ist eine Variation einer Schriftart. Hierbei werden unter anderem die Stärke, Laufweite und Lage der Schrift verändert. Unterschieden werden die Schriftschnitte normal, fett, kursiv und fett kursiv. Nutzen Sie verschiedene Schriftschnitte dazu, einige Wörter zu betonen, z.B. durch Fett- oder Kursivschrift bei Fremdwörtern oder Zitaten. Nutzen Sie Schriftschnitte sparsam, sonst wirkt der Text unruhig!

Ich bin ein ganz normaler Text in Arial.
Ich bin ein fett gedruckter Text in Arial.
Ich bin ein kursiver Text in Arial.
Ich bin ein kursiver, fett gedruckter Text in Arial.

Verschiedene Schriftschnitte in Arial: normal, fett, kursiv und fett kursiv.

Schriftgrad

Der *Schriftgrad* bezeichnet die Größe der Schrift und wird in Punkten (**pt**) angegeben. In Dokumenten variiert der Schriftgrad je nach Textelement zwischen 8 pt bis 20 pt:

- Für Titel und Überschriften wählen Sie 14 – 20 pt.
- Für Subtitel wählen Sie 12 – 14 pt.
- Für Fließtext wählen Sie 10 – 12 pt.
- Für Marginalie wählen Sie 8 – 10 pt.

Arial 8 Punkt
Arial 10 Punkt
Arial 12 Punkt
Arial 14 Punkt
Arial 16 Punkt
Arial 20 Punkt

Times 8 Punkt
Times 10 Punkt
Times 12 Punkt
Times 14 Punkt
Times 16 Punkt
Times 20 Punkt

Verschiedene Schriftgrade in der serifenlosen Schrift Arial und in der serifenbetonten Schrift Times.

Absatzformatierungen

Unter **Sperren** verstehen wir das Vergrößern von Buchstabenabständen und damit das Vergrößern der Laufweiten. Bei leichter Sperrung erscheint die Schrift leichter, offener und eleganter. Stärkeres Sperren stört jedoch die Lesbarkeit, weil der Text auseinanderfällt und Wörter nur mühsam als Einheit erkannt werden.

Text in Originallänge, mit einer Sperrung von 50% und einer Sperrung von 100%

> Ich bin ein ganz normaler Text.
>
> Ich bin ein ganz normaler Text in Arial.
>
> Ich bin ein ganz normaler Text in Arial.

Der Abstand von Grundlinie zu Grundlinie wird **Zeilenabstand** genannt. Optimal ist ein Abstand von 120 bis 130 Prozent des Schriftgrades, bei Arial 10 pt beträgt der Abstand demnach 12 bis 13 pt. Wie Sie im Beispiel unten sehen, zerfällt der Text bei zu großem Zeilenabstand, während er bei einem zu kleinen Zeilenabstand gedrungen und unleserlich wirkt. Hinsichtlich der Schriftgröße gelten noch weitere Faustregeln:

- Je größer die Schrift, desto kleiner darf der Zeilenabstand sein.
- Je länger die Zeile, desto größer sollte der Zeilenabstand sein.
- Je kürzer die Zeile, desto geringer darf der Zeilenabstand sein.

Entscheidend für die Lesbarkeit ist auch die Zeilenlänge. Diese sollte nur ca. 70 Anschläge bzw. 10 bis 12 Wörter in einer Zeile betragen, alles andere ist zu lang.

Verschiedene Zeilenabstände: 200%, 130% und 80%

> In diesem Beispiel wird der Zeilenabstand zu hoch eingesetzt.
>
> Hier wurde zum Beispiel bei einer Schriftgröße von Arial 10 pt
>
> ein Zeilenabstand von 20 pt eingesetzt. Der Text zerfällt!
>
> Optimal für einen längeren Fließtext ist ein Abstand von 130 Prozent des Schriftgrades. Bei Arial 10 pt sollte der Abstand der Zeilen 13 pt betragen – wie in diesem Beispiel.
>
> In diesem Beispiel wird der Zeilenabstand zu gering eingesetzt. Hier wurde zum Beispiel bei einer Schriftgröße von Arial 10 pt ein Zeilenabstand von 8 pt eingesetzt. Das macht den Text schwieriger lesbar – wie man hier bestens sieht.

Ausrichtung

Das Erscheinungsbild eines Dokuments wird maßgeblich durch die Satzausrichtung bestimmt. Man unterscheidet zwischen Blocksatz, Flattersatz (links- oder rechtsbündig) und zentriertem Satz:

Der **Blocksatz** wirkt kompakt und strahlt Ruhe aus. Wird allerdings die Silbentrennung ausgeschaltet, so wirkt der Blocksatz durch die daraus resultierenden großen Wortabstände löchrig.

Beim **Flattersatz** ist der Text jeweils an der linken oder an der rechten Kante ausgerichtet und erzeugt an der entgegenliegenden Kante eine Wellenform im Text. Diese kann je nach Länge der verwendeten Wörter im positiven Fall einen ansprechenden Rhythmus annehmen, aber im ungünstigen Fall sehr unruhig wirken.

Beim **zentrierten Satz** werden die Zeilen an der Mittelachse zentriert angeordnet. Oft begegnet man dem zentrierten Satz bei lyrischen Texten und Gedichten. Bei längerem Text wirkt er sehr unruhig. Der zentrierte Satz eignet sich daher nur für Titel, Zwischentitel und Bildlegenden.

1. Ich bin ein Blindtext. Es hat lange gedauert, bis ich begriffen habe, was es bedeutet, ein blinder Text zu sein: Man macht keinen Sinn. Und oft wird man gar nicht erst gelesen.

2. Ich bin ein Blindtext. Es hat lange gedauert, bis ich begriffen habe, was es bedeutet, ein blinder Text zu sein: Man macht keinen Sinn. Und oft wird man gar nicht erst gelesen.

3. Ich bin ein Blindtext. Es hat lange gedauert, bis ich begriffen habe, was es bedeutet, ein blinder Text zu sein: Man macht keinen Sinn. Und oft wird man gar nicht erst gelesen.

4. Ich bin ein Blindtext. Es hat lange gedauert, bis ich begriffen habe, was es bedeutet, ein blinder Text zu sein: Man macht keinen Sinn. Und oft wird man gar nicht erst gelesen.

Ausrichtung: 1. linksbündig, 2. rechtsbündig, 3. Blocksatz, 4. zentriert.

Aufzählungen und Nummerierungen

Listen und Aufzählungen dienen dem Leser zur Strukturierung der Inhalte. Zur Auflistung stehen dazu verschiedene Zeichen wie Kreise, Dreiecke oder Quadrate zur Verfügung.

An dieser Stelle gibt es Einiges zu **Aufzählungen** zu sagen:

- Vermeiden Sie nach Möglichkeit, dass der Text in der Aufzählung zweizeilig wird. Das ist unschön und zeigt, dass Sie nicht in der Lage sind, auf das Wesentliche zu kürzen, so wie hier :-)
- Aufzählungen also bitte einzeilig!
- Wenn aber zweizeilig, dann achten Sie unbedingt darauf, dass die zweite Zeile eingerückt ist und nicht unter den Aufzählungspunkt gerät.
- Verwenden Sie immer die gleichen Aufzählungszeichen.
- Stimmen Sie die Farbe des Aufzählungszeichens mit anderen Farben ab.
- Am besten eignen sich grau oder die Logofarbe.
- Nutzen Sie schlichte Aufzählungszeichen.

Typographische Raffinessen

Mit den bekannten typografischen Grundtechniken können Sie nun ein wenig experimentieren. Sehen Sie am folgenden Beispiel, wie Sie mit verschiedenen Schriftgrößen, unterschiedlichen Zeilenabständen und mit Schriftfarbe Wirkung erzeugen können. Betrachten wir zunächst eine schlichte Textgestaltung:

> 20 ausrichtung
> headline subtitle copy marginalie
> arial 12pt serifenlos
> schnitte fett kursiv regular
> grundlinie
> typografie
> mittellänge lesbarkeit
> absatz schriftgröße
> Zeilenabstand serifen
> aufzählungen nummerierungen
> farbe DIN Spaltenlänge
> sperren unterschneiden

Schlichte Textgestaltung in Arial mit Schriftgröße 10 pt

Layout-Elemente

Sehen Sie nun, wie Sie mit den vorgestellten typografischen Grundtechniken Leben in die Schrift bringen können:

20 ausrichtung
headline subtitle copy marginalie
arial 12pt serifenlos
schnitte fett kursiv regular
grundlinie
typografie
mittellänge lesbarkeit
absatz schriftgröße
Zeilenabstand serifen
aufzählungen nummerierungen
farbe DIN Spaltenlänge
sperren unterschneiden

Bunter Formatierungsmix
Schriftart: Arial
Schriftschnitt: normal
Schriftgrad: zwischen 12 pt und 30 pt
Sperrung: zwischen 0% und 200%
Textausrichtung: linksbündig
Zeilenabstand: zwischen 9 pt und 30 pt
Schriftfarbe: R176 G196 B67
Farbton: zwischen 100% und 40%

Lassen Sie sich in Zeitschriften, im Internet oder auf Werbeplakaten von den verschiedensten Möglichkeiten der grafischen Textgestaltung inspirieren. Trauen Sie sich, Ihre Buchstaben auch einmal außerhalb der Reihe tanzen zu lassen.

© managerSeminare

Bildelemente

Ein Bild sagt mehr als 1.000 Worte. Bilder besitzen eine große Wirkungskraft. Bilder bleiben eher im Gedächtnis haften als Texte. Stellen Sie bei Ihrer Bildauswahl deshalb sicher, dass die Bilder stets die gleichen Informationen transportieren wie die Texte.

Fotos
Stellen Sie sich bei der Auswahl von Fotos die grundlegende Frage: *Welche in Textform enthaltenen Informationen lassen sich durch ein Foto ersetzen oder unterstützen?*

Quelle: iStockphoto.com

Erstellen Sie sich Ihre eigene, umfassende Fotogalerie mit den verschiedensten Motiven: belebte und unbelebte Natur, Tiere, Pflanzen, Landschaften, Bauwerke, Detailaufnahmen, abstrakte Motive, Begegnungen zwischen Menschen, …

Meine Favoriten unter den Fotoarchiven sind:

www.photocase.de
www.istockphoto.com
www.fotolia.com

Fotografieren Sie selbst, beauftragen Sie einen Fotografen oder suchen Sie passende Fotos in einem der zahlreichen **Fotoarchive** im Internet. Achten Sie bei der Verwendung dieser Fotos darauf, ob das Bildmaterial urheberrechtlich geschützt ist. Fotos können Sie für wenig Geld lizenzfrei kaufen und in Ihren Unterlagen einsetzen. Mit dem Kauf eines Fotos erwerben Sie das Nutzungsrecht. In Ihren Unterlagen müssen Sie allerdings, ähnlich wie bei Textverweisen, die Quelle des Bildmaterials stets benennen.

Bildbearbeitung

Vor dem Einsatz müssen Sie Ihre Fotos gegebenenfalls nachbearbeiten, um die **Bildqualität** zu erhöhen, die Größe zu verändern oder aus dem Motiv einen bestimmten Ausschnitt zu wählen. Häufig sind eigene Fotos auch unterbelichtet oder in den Farben zu grell. Zur Bearbeitung von Fotos stehen Ihnen Softwareprogramme wie zum Beispiel Adobe Photoshop zur Verfügung. Ein Tipp: Die Qualität von Fotos verbessern Sie häufig schon, indem Sie die Funktion „Auto-Tonwertkorrektur" anwenden.

Bildbearbeitung: Ändern von Tonwert und Helligkeit.

Bei der Festlegung der **Bildgröße** kommt es auf den Einsatz des Bildmaterials an: In Ihre PowerPoint-Präsentation binden Sie Fotos und Illustrationen in einer Auflösung von 72 dpi ein – diese Auflösung reicht für den Bildschirmeinsatz völlig aus. Mit höheren Auflösungen vergrößern Sie die Dateigröße Ihrer PowerPoint-Präsentation nur unnötig. Bei gedruckten Dokumenten sollten Sie Ihr Bildmaterial mit einer Auflösung von 300 dpi verwenden.

Gehen Sie bei der Bildbearbeitung nun Schritt für Schritt vor:

1. Originalfoto abspeichern unter fotoname_original.jpg
2. Bildqualität erhöhen (Auto-Tonwertkorrektur, Helligkeit, Kontrast, Farbkorrektur)
3. Bildausschnitt festlegen und Foto freilegen
4. Foto abspeichern mit hoher Auflösung (300 dpi) im großen Format (210 x 297 mm) z.B. unter fotoname_gross_300dpi.jpg
5. Foto abspeichern mit niedriger Auflösung (72 dpi) im kleinen Format (90 x 130 mm) z.B. unter fotoname_klein_72dpi.jpg

Am Ende haben Sie drei verschiedene Versionen Ihres Fotos: das Original, ein bearbeitetes Foto mit hoher Auflösung für Ihre Dokumente und das gleiche Foto in niedriger Auflösung für den Einsatz in PowerPoint-Folien oder den Versand der Fotos per E-Mail.

Zeichnungen und Illustrationen

Eigene Zeichnungen lockern auf und bringen eine individuelle Note in Ihre Dokumente. Beachten Sie bei farbigen Zeichnungen, dass die eingesetzten Farben ausschließlich Ihrem gewählten Farbkatalog entsprechen. Schlichter und neutraler im Einsatz sind Schwarz-Weiß-Zeichnungen. Scannen Sie Ihre Illustrationen mit einer Auflösung von 300 dpi ein. Nachbearbeiten Sie Illustrationen ggf. mit einem Fotobearbeitungsprogramm (z.B. Photoshop).

Grafiken und Abbildungen

Lassen Sie Grafiken sprechen, um Komplexität zu reduzieren. Abbildungen und Grafiken dienen zur Veranschaulichung komplexer Sachverhalte:

Mit einer Grafik das Pareto-Prinzip visualisieren: „Mit 20 Prozent Zeitaufwand bewältige ich bereits 80 Prozent des Ergebnisses. Für die restlichen 20 Prozent benötige ich einen hohen Aufwand von 80 Prozent."

Achten Sie darauf, dass die Grafiken nicht überladen werden. Ein Schaubild soll den Sachverhalt veranschaulichen, nicht verkomplizieren.

Farbmanagement

Sie haben bereits einiges über die Merkmale von Grundfarben und die psychologische Wirkung von Farben kennengelernt. Nun geht es darum, dass Sie diese Kenntnisse nutzen, um sich systematisch einen Katalog von Farben zusammenzustellen, die Sie in Ihren Dokumenten und Präsentationsfolien nutzen. Ihre Hauptaufgabe besteht darin, die Farben so zu wählen, dass diese gut aufeinander abgestimmt sind. Das Zusammenspiel von Farben können Sie im Dreischritt aufbauen:

Wirkung von Farben auf Seite 157

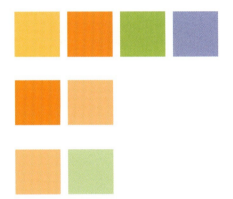

1. Farbton
Wählen Sie drei bis vier Grundfarben.

2. Farbwert
Wählen Sie innerhalb dieser Farben verschiedene Helligkeitsstufen.

3. Farbharmonie
Kombinieren Sie Farben und Farbtöne, die harmonisch auf Sie wirken.

Zu einem guten Farbmanagement gehört nicht nur die Auswahl gut aufeinander abgestimmter Farbtöne, sondern auch der gezielte Einsatz der Farben im Layout Ihrer Unterlagen: die Abstimmung der Farben für Logo, Hintergrund, Text und Bild. Hier gelten einige Gestaltungsprinzipien, die Sie bereits kennengelernt haben. Verwendet man zu viele Farben, wirkt das Gesamtbild unruhig und bunt. Das oberste Gestaltungsprinzip lautet daher: „Weniger ist mehr." Verwenden Sie also nach Möglichkeit nicht mehr als zwei Farben pro Seite. Mehr Spielraum bekommen Sie, wenn Sie verschiedene Helligkeitsstufen eines Farbtons anwenden. Dynamik und Spannung erzeugen Sie, wenn Sie komplementäre Farben einsetzen. Im Farbkreis benachbarte Farben, z.B. gelb und orange, wirken zusammen harmonisch. Sehr edel wirkt die Kombination einer Farbe mit Grautönen.

Lassen Sie sich bei Ihrer Farbauswahl inspirieren: Achten Sie in Zeitschriften, auf Werbeplakaten oder im Internet, wie andere Unternehmen Farbe einsetzen. Was spricht Sie an? Und noch ein Tipp: Im Internet gibt es auch Farbwähler, die gut aufeinander abgestimmte Farbenreihen und Farbharmonien zusammenstellen.

Farbharmonien selbst zusammenstellen:

www.colorblender.com
www.metacolor.de

Farbton

Wenn Sie nicht auf die Standardfarben Ihres Textverarbeitungsprogramms zurückgreifen möchten, sollten Sie sich einen Katalog mit Ihren eigenen Farben erstellen. Damit die Wahl der Farben für Sie kein Zufall bleibt, gibt es verschiedene Farbmodelle, die die Bestimmung der Farben festlegen. Ein gängiges Modell wird hier kurz vorgestellt:

Das **RGB-Farbmodell** dient zur Bestimmung von Bildschirmfarben. In diesem Modell werden alle Farben durch das Mischen der drei Grundfarben Rot (**R**), Grün (**G**) und Blau (**B**) gebildet. Jede dieser drei Grundfarben kann bei der Bestimmung einer neuen Farbe einen Wert von 0 bis 255 annehmen. Setzt man alle drei Werte auf 0, so erhält man Schwarz. Setzt man alle Werte auf 255, so erhält man entsprechend Weiß. Auf diese Weise lässt sich jede Farbe als Zahlentripel in einem Wertebereich von (0,0,0) bis (255,255,255) darstellen.

So besitzt reines Rot ohne grüne und blaue Farbanteile zum Beispiel den RGB-Wert (255,0,0). Weiß entspricht dem Tripel (255,255,255) und Schwarz dem Tripel (0,0,0). Auf diese Weise können Sie rund 16,7 Millionen verschiedene Farben definieren. Wer die Wahl hat, der hat eben auch die Qual!

Die Grundfarben aus dem Farbkreis mit RGB-Werten

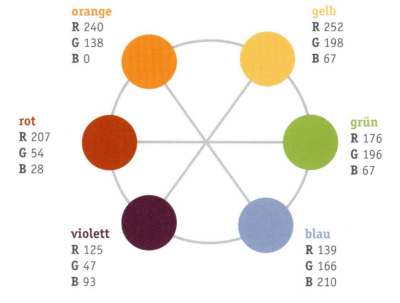

Layout-Elemente

Farbwert
Wenn Sie Ihren Farbkatalog zusammengestellt haben, bietet sich Ihnen nun die Möglichkeit, innerhalb eines Farbtons Varianten über die verschiedenen Helligkeitsstufen einer Farbe zu erstellen. Im Beispiel unten sehen Sie, wie Sie eine ganze Palette neuer Farbwerte aus den sechs Grundfarben und Schwarz erhalten, indem Sie fünf Helligkeitsstufen des vollen Farbtons in einem Abstand von 20 Prozent definieren.

Man bezeichnet die verschiedenen Helligkeitsstufen eines Farbtons als **Farbwerte**. Die Kombination aus unterschiedlichen Farbwerten einer Farbe wird als **monochrom** bezeichnet. Über eine monochrome Farbkombination lassen sich Ihre Dokumente mit nur ein bis zwei Farben lebendig gestalten.

Erweitern Sie Ihren Farbenkatalog um Varianten Ihrer Farbtöne.

Grundfarben in verschiedenen Farbwert-Abstufungen

Farbharmonie

Farben beeinflussen sich gegenseitig. So wirken zwei im Farbkreis benachbarte Farben eher beruhigend und zwei im Farbkreis gegenüberliegende Farben eher dynamisch. Setzen Sie dieses Wissen um die Kontrastwirkung nun bei der Wahl von Farben für Vordergrund, Hintergrund und Text in Ihren Dokumenten ein.

Komplementär-Kontrast
Farbkombinationen aus Farben im Farbkreis gegenüber wirken lebendig (auch unruhig).

Analog-Kontrast
Farbkombinationen aus benachbarten Farben wirken harmonisch.

Monochrom-Kontrast
Kombinationen aus verschiedenen Farbwerten einer Farbe wirken beruhigend.

Farb-Grau-Kontrast
Farbkombinationen aus einer Farbe mit Grauwerten wirken edel.

Achten Sie bei der Wahl der Farben unbedingt darauf, dass der Text gut lesbar ist. So eignet sich bei einem gelben Hintergrund eine weiße Schrift nicht, da diese Kombination sehr kontrastarm und schlecht lesbar ist. Den maximalen Kontrast bei einer hellen Farbe als Hintergrund erreichen Sie durch schwarze Schrift:

Hell-Dunkel-Kontrast
Dunkle Schrift auf hellem Hintergrund und helle Schrift auf dunklem Hintergrund.

Ein Tipp: Setzen Sie den Hell-Dunkel-Kontrast gezielt ein, wenn Sie mit Textelementen auf Fotos arbeiten. Probieren Sie doch einmal den Negativ-Effekt aus, indem Sie auf einen dunklen Hintergrund eines Fotos einen hellen Text setzen. Dieser Effekt wird auch häufig in der Werbung eingesetzt. Achten Sie einmal darauf!

Layout-Entwicklung

LAYOUT-ENTWICKLUNG

Phasen der systematischen Erstellung von Dokumenten und Präsentationsfolien.

Nachdem alle Layout-Elemente definiert sind, erfolgt die Umsetzung Ihrer skizzierten Rohentwürfe auf dem PC. Erstellen Sie Ihre Dokumente und Präsentationsfolien Schritt für Schritt.

Wie gehen Sie bei Dokumenten vor?
Zum systematischen Einrichten und Gestalten von Dokumenten arbeiten Sie im Dreischritt. Erstellen Sie zunächst eine Dokumentenvorlage. Dort richten Sie den Satzspiegel ein, indem Sie die Ränder festlegen. Danach entwickeln Sie Ihr Layout in zwei Schritten: Sie positionieren zunächst mit Blindtext und Bildplatzhaltern Ihre Layout-Elemente (**Grob-Layout**). Erst zum Schluss tauschen Sie die Platzhalter durch den eigentlichen Text und die Bilder aus (**Rein-Layout**).

Auf den nächsten Seiten sehen Sie die einzelnen Schritte von der Skizze bis zum fertigen Layout.

Wie gehen Sie bei Folien vor?
Zum systematischen Einrichten und Gestalten Ihrer Folien stehen Ihnen zwei Funktionen zur Verfügung: der Folien-Master und das Folien-Layout. Mit dem Folien-Master richten Sie einmalig die Formate für alle Seiten ein. Mit der Funktion Folien-Layout können Sie die Text-Bild-Komposition jeder einzelnen Folie festlegen.

Die Gestaltungsprinzipien und Dramaturgie bei der Erstellung einer PowerPoint-Präsentation werden auf den nächsten Seiten exemplarisch an einem Beispiel erläutert.

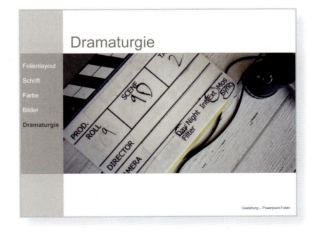

© managerSeminare

Layout-Entwicklung von Dokumenten

Erfahren Sie nun, wie Sie professionelle, stilvolle Teilnehmerskripte und Arbeitsblätter erstellen. Grundlage Ihres Dokuments sind die Skizzen, die Sie zuvor gemacht haben. Hier sehen Sie die einzelnen Schritte vom Satzspiegel bis zum fertigen Layout:

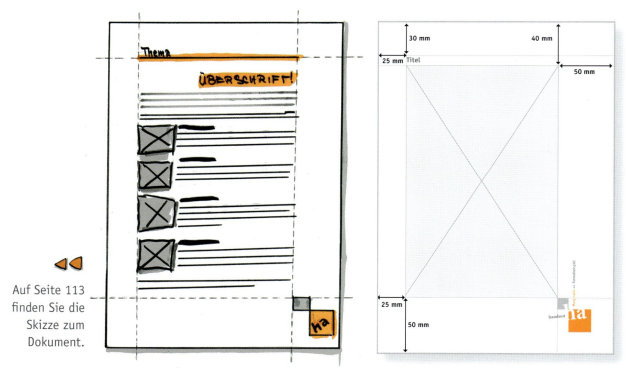

Auf Seite 113 finden Sie die Skizze zum Dokument.

Ausgangspunkt: Skizze
In der Skizze von Ihrem Dokument haben Sie bereits den Satzspiegel festgelegt, die Layout-Elemente positioniert und entschieden, ob das Dokument aus Einzelseiten oder aus Doppelseiten bestehen soll.

1. Satzspiegel festlegen
Im ersten Schritt legen Sie ein neues Dokument an. Formatieren Sie Ihr Dokument, indem Sie die Seitenränder und damit die Grundfläche für Ihre Text- und Bildelemente festlegen.

Layout-Entwicklung

Mit welchem Programmen werden Dokumente erstellt?
Dokumente erstellen Sie in der Regel mit einem gängigen Textverarbeitungsprogramm wie z.B. MS Word und speichern es für den Versand per E-Mail in einem geschützten PDF-Format ab. Für eine professionelle Gestaltung von Unterlagen sollten Sie in Erwägung ziehen, auf ein entsprechendes Programm umzusteigen, z.B. auf InDesign von der Firma Adobe.

2. Layout-Elemente positionieren
Im zweiten Schritt erfolgt das Grob-Layout: Erstellen Sie zunächst eine Formatvorlage für Zeichen, Absatz, Aufzählungen und Tabellen. Positionieren Sie auf der Grundfläche die Layout-Elemente. Nutzen Sie dazu Bildplatzhalter in Form von Rechtecken und Blindtexte im jeweiligen Textformat.

3. Texte und Bilder einfügen
Im letzten Schritt erfolgt das Rein-Layout: Ersetzen Sie nun die Bildplatzhalter und Blindtexte durch die richtigen Bilder und Texte. Dabei können Sie auch geringfügig von Ihrem Layout abweichen (z.B. eine Tabelle oder ein Bild über die Grundfläche hinaus positionieren).

© managerSeminare

Layout-Entwicklung von Folien

Das oberste Prinzip bei der Erstellung von Präsentationsfolien lautet: Halten Sie die Folien bewusst schlicht und vermeiden Sie die Überladung der Folien mit Informationen.

Es hat sich eingebürgert, Folien gleichzeitig als Handouts auszudrucken. Damit man sich die Arbeit spart, werden aus Folien Dokumente und aus Dokumenten Folien, quasi *Folienumente*. Keine Folienumente bitte! Folien sollten Folien und Dokumente sollten Dokumente bleiben. Folien dienen *nur* zur Unterstützung Ihrer verbalen Ausführungen! Details gehören ins Handout! Versuchen Sie, den Inhalt zu transportieren über Kernaussagen in plakativen Überschriften, aussagekräftige Bilder und über wenige Aufzählungen.

Hier erfahren Sie exemplarisch an einem Beispiel, wie Sie mit einfachen Mitteln professionelle und ästhetische Folien erstellen. Grundlage der folgenden Präsentation ist das Storyboard, das zuvor entwickelt wurde:

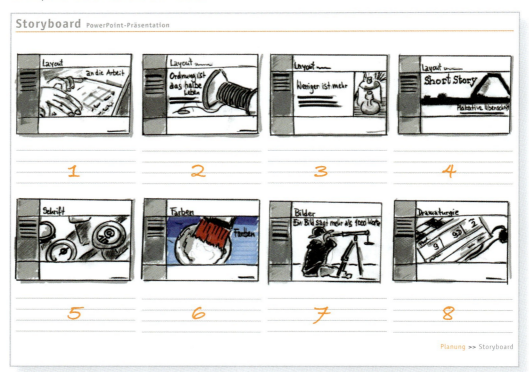

◂◂ Auf Seite 120 finden Sie das Storyboard zur Präsentation.

Layout-Entwicklung

Hier sehen Sie im Kleinformat den gesamten Ablauf der Präsentation, wie man ihn in der Gesamtansicht bei PowerPoint kennt. Die eingerahmten Folien sind die links skizzierten. Sie leiten die neuen Kapitel ein und bilden das Grundgerüst der Präsentation:

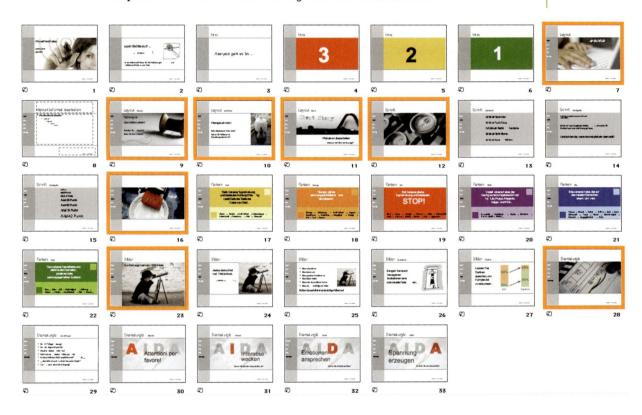

Auf den nächsten Seiten wird nun jede einzelne Folie erläutert. Lassen Sie die Folien auf sich wirken und lassen Sie sich inspirieren.

© managerSeminare

Mediengestaltung

POWERPOINT-PRÄSENTATION START

Eingangsbild
Gestalten Sie das Eingangsbild schlicht. Wählen Sie für Ihre Präsentation ein ansprechendes Titelbild. Setzen Sie einen kurzen prägnanten Titel und ergänzen Sie diesen gegebenenfalls durch einen Untertitel.

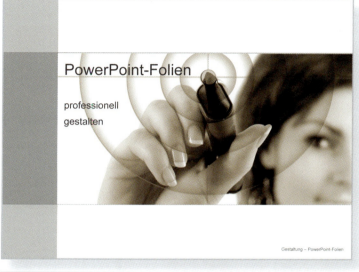

Notizansicht
Die Notizansicht ist Ihr Spickzettel während der Präsentation. Dort können Sie den Text unterbringen, der zu der Folie gehört.

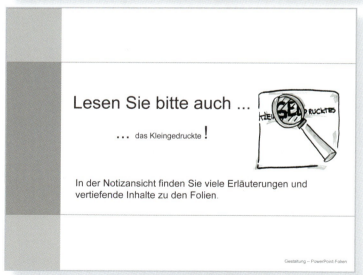

Petra Nitschke: Trainings planen und gestalten

Layout-Entwicklung

START POWERPOINT-PRÄSENTATION

Intro
Wie schaffen Sie Aufmerksamkeit bei Ihrem Publikum? Zum Beispiel mit einem Countdown 3 ... 2 ... 1 ...

Start
Los geht's!

Mediengestaltung

POWERPOINT-PRÄSENTATION LAYOUT

Folien-Master
Im Folienmaster definieren Sie die Layout-Elemente, die in allen Folien verwendet werden. Zu diesen Elementen gehören die Formate für Schriftarten und Absätze, für die Position von Überschriften, für Text- und Fußzeilen auf der Folie, für das Farbschema und das Hintergrunddesign.

Struktur
Ordnung ist das halbe Leben. Schaffen Sie für sich und für Ihr Publikum eine transparente Struktur und einen Leitfaden durch Ihre Präsentation.

In unserem Beispiel wurde eine Navigationsleiste gewählt, deren aktiver Part in Arial Bold 16 pt mit schwarzer Schrift sich vom passiven Part in Arial 16 pt mit weißer Schrift abhebt.

Die Beschriftung in der Navigationsleiste wird als Überschrift in Arial 40 pt grau übernommen und ggf. durch eine weitere Überschrift auf unterer Ebene ergänzt (in Arial 20 pt grau).

Layout-Entwicklung

LAYOUT POWERPOINT-PRÄSENTATION

Schlichtheit
Gestalten Sie Ihre Folien stets nach dem Motto: Weniger ist mehr. Das bedeutet:

- Keine überladenen Folien mit viel zu viel Text und viel zu kleiner Schrift!
- Keine grellen Farben einsetzen.
- Keine Animationen und animierten Übergänge.

Setzen Sie stattdessen Weißraum als Gestaltungselement ein. Verwenden Sie maximal zwei Farben und kombinieren Sie diese immer unter Beachtung der Farbharmonie.

Kürze
Eine der wichtigsten Regeln für Präsentationen ist, die Folien keinesfalls mit Informationen zu überfrachten. Das gilt insbesondere für Text, aber auch für Grafiken. In der Regel wird eine Folie mit viel zu vielen Informationen gefüllt, mit dem Resultat, dass die Schrift klein und unlesbar und der Zuhörer völlig überfordert wird mit Zuhören, gleichzeitigem Lesen und Entziffern der inhaltlichen Botschaften auf den Folien.

© managerSeminare

Mediengestaltung

POWERPOINT-PRÄSENTATION SCHRIFT

Schrift
Bei der Gestaltung von Präsentationsfolien gibt es ein wesentliches Qualitätsmerkmal, das Sie unbedingt einhalten sollten: Lesbarkeit! Dies erreichen Sie über eine geeignete Schriftart und die richtige Schriftgröße.

Mein Gestaltungstipp: Setzen Sie die Schriftart und -größe nicht einzeln auf jeder Folie, sondern wechseln Sie zum Folienmaster und definieren Sie dort Schriftart und Schriftgröße für alle Textebenen.

Schriftwahl
Wählen Sie eine serifenlose Schrift. Serifenschriften wirken bei der Projektion mit dem Beamer oft unscharf.

Wählen Sie Standardschriften (True-Type-Schriften). Gängige serifenlose Schriften sind Arial, Futura, Verdana, Tahoma, Gill Sans, ...

Bleiben Sie bei einer Schrift! Wenn Sie sich für eine bestimmte Schriftart entschieden haben, setzen Sie diese konsequent die Präsentation hindurch ein.

Petra Nitschke: Trainings planen und gestalten

Layout-Entwicklung

SCHRIFT POWERPOINT-PRÄSENTATION

Schrift Schriftgröße

Layout
Schrift
Farben
Bilder
Dramaturgie

Ich bin ein Text, den man nicht gut lesen kann - ich bin nämlich mit 12 Punkten ein wenig zu klein geraten ...

Ich bin ein Text mit optimalen Maßen – mit meinen 20 Punkten kann man mich immer gut lesen.

Und ich bin da, wenn es mal plakativ sein soll!

Gestaltung – PowerPoint-Folien

Schrift Schriftgröße

Layout
Schrift
Farben
Bilder
Dramaturgie

Arial 16 Punkt
Arial 20 Punkt
Arial 24 Punkt
Arial 28 Punkt
Arial 32 Punkt
Arial 36 Punkt
Arial 42 Punkt

Gestaltung – PowerPoint-Folien

Schriftgröße

Überladene Folien gehen einher mit einer zu kleinen, unlesbaren Schrift. PowerPoint ist standardmäßig so eingestellt, dass sich mit der Textmenge automatisch die Schriftgröße verändert. Das bedeutet: Je mehr Text auf einer Folie eingegeben wird, desto kleiner wird die Schrift. Bei viel Text landen Sie auf einmal bei einer Schriftgröße von 12 pt – dies kann niemand im Publikum lesen, auch nicht in der ersten Reihe!

Absolutes Muss: Fließtext sollte auf keinen Fall kleiner als 20 pt sein!!!

Schriftgröße

Erzeugen Sie mit der Wahl Ihrer Schriftgröße Kontraste zwischen Titel, Überschriften und Fließtext. Die Mindestgrößen für Textelemente:

- Folientitel sollten einen Schriftgrad zwischen 30 pt und 40 pt haben.
- Überschriften sollten mindestens 24 pt bis 28 pt groß sein.
- Fließtext sollte mindestens 20 pt groß sein.

© managerSeminare

Mediengestaltung

POWERPOINT-PRÄSENTATION FARBEN

Nutzen Sie ausschließlich Farben aus Ihrem Farbkatalog. Stimmen Sie die eingesetzten Farben miteinander ab. Beherzigen Sie auch hier das Prinzip: Weniger ist mehr. Wenn möglich, benutzen Sie nicht mehr als zwei Farben – kombinieren Sie stattdessen lieber mit verschiedenen Farbwerten eines Farbtons und mit Grautönen.

Auf den Seiten 156 und 192 finden Sie Informationen zu Farbkontrasten.

Zu beachten ist bei Hintergrundfarbe und Schriftfarbe: Wählen Sie helle Schrift auf dunklem Hintergrund und umgekehrt dunkle Schrift auf hellem Hintergrund. Bei der Kombination von Farben haben Sie vier Möglichkeiten Kontraste einzusetzen, um Farbharmonie zu erzeugen:

- Komplementär-Kontrast
- Analog-Kontrast
- Monochrom-Kontrast
- Farb-Grau-Kontrast

Sehen Sie nun, wie Farben in Präsentationen eingesetzt werden können.

Farben auswählen
PowerPoint bietet Ihnen standardmäßig einen Katalog an vorgegebenen Farbschemata für Hintergrund- und Textfarben. Darüber hinaus können Sie über den Menüpunkt „Benutzerdefiniert" auch eigene Farbschemata anlegen. Nutzen Sie diese Möglichkeit und legen Sie die Farben aus Ihrem Farbenkatalog im Folienmaster fest.

Layout-Entwicklung

FARBEN POWERPOINT-PRÄSENTATION

Gelb
Sie sehen hier, wie die Farbe Gelb

- als Hintergrundfarbe,
- im Monochrom-Kontrast (helles und dunkles Gelb),
- im Gelb-Grau-Kontrast und
- mit schwarzer Textfarbe

auf Sie wirkt.

Orange
Sie sehen hier, wie die Farbe Orange

- als Hintergrundfarbe,
- im Monochrom-Kontrast (helles und dunkles Orange),
- im Orange-Grau-Kontrast und
- mit weißer und schwarzer Textfarbe

auf Sie wirkt.

POWERPOINT-PRÄSENTATION FARBEN

Rot
Sie sehen hier, wie die Farbe Rot

- als Hintergrundfarbe,
- im Rot-Grau-Kontrast und
- mit weißer und schwarzer Textfarbe

auf Sie wirkt.

Violett
Sie sehen hier, wie die Farbe Violett

- als Hintergrundfarbe,
- im Monochrom-Kontrast (helles und dunkles Violett),
- im Violett-Grau-Kontrast und
- mit weißer und schwarzer Textfarbe

auf Sie wirkt.

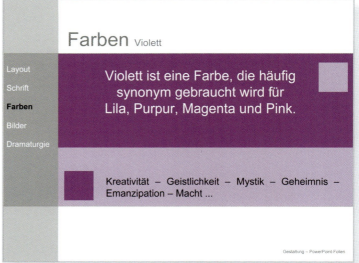

Layout-Entwicklung

FARBEN POWERPOINT-PRÄSENTATION

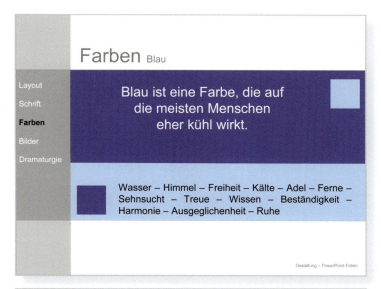

Blau
Sie sehen hier, wie die Farbe Blau

- als Hintergrundfarbe,
- im Monochrom-Kontrast (helles und dunkles Blau),
- im Blau-Grau-Kontrast und
- mit weißer und schwarzer Textfarbe

auf Sie wirkt.

Grün
Sie sehen hier, wie die Farbe Grün

- als Hintergrundfarbe,
- im Monochrom-Kontrast (helles und dunkles Grün),
- im Grün-Grau-Kontrast und
- mit weißer und schwarzer Textfarbe

auf Sie wirkt.

Mediengestaltung

POWERPOINT-PRÄSENTATION BILDER

Bilder
Nutzen Sie drei verschiedene Möglichkeiten, ein Bild in Szene zu setzen:

- Das Bild dominiert.
- Bild und Text sind gleichberechtigt.
- Der Text dominiert.

Auf dieser Folie dominiert das Bild. Eingesetzt wird diese Art von Folien häufig, um ein neues Kapitel einzuleiten.

Bilder
Bilder besitzen eine große Wirkungskraft. Bilder bleiben im Gedächtnis haften. Passen Bilder nicht zum Text, so bleibt eher das Bild als der Text im Gedächtnis. Setzen Sie Fotos, eigene Zeichnungen und Grafiken deshalb sorgsam ein. Eine hohe emotionale Wirkung erreichen Sie, wenn Sie Bilder mit Zitaten kombinieren.

Mein Gestaltungstipp: Binden Sie Ihre Fotos in einer Auflösung von 72 dpi ein – diese Auflösung reicht für Ihre Präsentation. Höhere Auflösungen vergrößern das Datenvolumen Ihrer Präsentation nur unnötig.

Petra Nitschke: Trainings planen und gestalten

Layout-Entwicklung

BILDER POWERPOINT-PRÄSENTATION

Illustrationen
Bringen Sie durch Ihre eigenen Illustrationen eine individuelle Note ein.

Grafiken
Lassen Sie Grafiken sprechen, um Komplexität zu reduzieren. Abbildungen und Grafiken dienen zur Veranschaulichung komplexer Sachverhalte.

Mein Gestaltungstipp: Achten Sie darauf, dass die eingesetzten Farben dezent angelegt sind. Vergewissern Sie sich, dass die Beschriftungen gut lesbar sind. Und denken Sie daran: Alles, was Ihre Folie überlädt, hat dort nichts zu suchen – komplexe Sachverhalte können Sie mit vielen Worten gern in Ihrem Handout erläutern.

POWERPOINT-PRÄSENTATION DRAMATURGIE

Ganze Textpassagen sind auf PowerPoint-Folien tabu, es sei denn, es handelt sich um Definitionen oder um Zitate. Ansonsten sollte der Text auf den Folien ausschließlich zur visuellen Unterstützung Ihrer verbalen Ausführungen dienen.

Dazu eignen sich Aufzählungen! Es gibt eine einfache Faustregel, die **1-7-7-Regel**. Sie besagt, dass sich auf einer Folie ein Argument und maximal sieben Aufzählungen befinden sollten. Eine weitere Einschränkung: nicht mehr als sieben Wörter pro Zeile. Mit dieser Regel verhindern Sie zwar ein Überladen Ihrer Folien mit zu viel Text, indem Sie sich zwingen müssen, den Inhalt auf das Wesentliche zu kürzen. Aber Sie vermeiden leider nicht, dass diese Folien unter Einhaltung der Regeln Ihr Publikum immer noch sehr langweilen können!

Um Spannung zu erzeugen, können Sie auf alt bewährte Methoden aus der Werbung zurückgreifen. Aus dem Marketing-Bereich ist Ihnen vielleicht das **AIDA-Modell** bekannt. Das Modell beschreibt die vier Phasen, die ein Kunde durchläuft, bis er ein Produkt kauft – von der ersten Wahrnehmung des Produktes durch die eingesetzte Werbung bis hin zur Kaufentscheidung, weil aus einem anfänglichen Interesse für das Produkt das Verlangen entstanden ist, das Produkt wirklich haben zu wollen. Für jede dieser vier Phasen steht ein Buchstabe:

- **A** **Attention** – Aufmerksamkeit erregen
- **I** **Interest** – Interesse wecken
- **D** **Desire** – Verlangen auslösen
- **A** **Action** – Spannung erzeugen

Wenden Sie dieses AIDA-Prinzip doch einmal in Ihrer Präsentation an. Lesen Sie dazu mehr auf den folgenden Seiten.

Layout-Entwicklung

DRAMATURGIE POWERPOINT-PRÄSENTATION

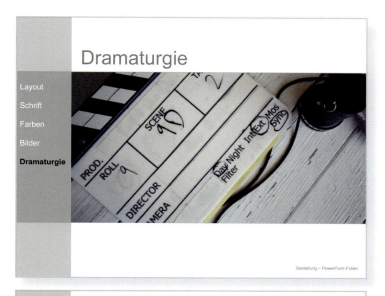

Dramaturgie
Erzeugen Sie mit Ihren Folien einen Spannungsbogen. Schaffen Sie Aufmerksamkeit! Erzeugen Sie Interesse! Sprechen Sie Emotionen an! Überzeugen Sie nachhaltig!

Aufzählungen
Aufzählungen haben sich eingebürgert. Diese Folie entspricht zwar allen Kriterien, Ihr Publikum nicht mit Informationen zu überladen. Aber Sie trägt auch dazu bei, dass Ihr Publikum während der Präsentation einschläft – vor Langeweile.

DRAMATURGIE POWERPOINT-PRÄSENTATION

Attention

Attentioni per favore! Generieren Sie Folien, die nur dazu da sind, bei Ihrem Publikum Aufmerksamkeit zu erzeugen. In unserem Beispiel haben wir das anfangs durch die Installation eines Countdouns gemacht, erinnern Sie sich?

Mein Gestaltungstipp: Nutzen Sie die Signalfarben, um Aufmerksamkeit zu erhalten. Rot wirkt immer!

Interest

Interesse wecken Sie durch aussagekräftige Headlines. In unserem Beispiel wird mit einer Headline und einem kurzen prägnanten Satz beschrieben, was sich hinter dem Buchstaben I verbirgt.

Mein Gestaltungstipp: Lassen Sie doch einmal die Buchstaben aus der Reihe tanzen. Hier wurde mit Überdeckungen gearbeitet: Die Headline überdeckt den Titel – dadurch wirkt die Folie räumlich.

Layout-Entwicklung

DRAMATURGIE POWERPOINT-PRÄSENTATION

Emotionen ansprechen

Emotionen sprechen Sie am besten durch Bilder an. Setzen Sie Bilder immer am Anfang eines neuen Kapitels ein. Die Inhalte werden dann emotional mit dem Bild in Verbindung gebracht und bleiben im Gedächtnis.

Mein Gestaltungstipp: Wenn Sie Bilder als Hintergrund einsetzen möchten, dann können Sie einen besseren Kontrast zum Text erzeugen, indem Sie das Hintergrundbild transparent machen. In diesem Beispiel habe ich bei dem Themenbild „Dramaturgie" eine Transparenz von 80 Prozent eingestellt.

Action

Spannung erzeugen Sie beispielsweise, indem Sie Informationen nach und nach regelrecht enthüllen, anstatt sämtliche Fakten auf einer Folie aufzulisten und sie dadurch zu überfrachten.

In unserem Beispiel: Durch die Einfärbung der entsprechenden Buchstaben in der Signalfarbe Rot wird ein Spannungsbogen über vier Folien aufgebaut. Stellen Sie sich vor, Sie würden nach dem dritten Buchstaben abbrechen mit den Worten „Fortsetzung folgt". Wie würde Ihr Publikum reagieren?

© managerSeminare

CORPORATE DESIGN MANUAL

Wie Sie ein einheitliches, durchgängiges und unverwechselbares gestalterisches Erscheinungsbild Ihrer Unterlagen definieren.

Unter **Corporate Design** versteht man das visuelle Erscheinungsbild eines Unternehmens. Die Gestaltungsrichtlinien werden in einem **Corporate Design Manual** definiert. Es ist Ihre Arbeitsgrundlage für ein einheitliches und unverwechselbares gestalterisches Erscheinungsbild. In ihm werden Art, Größe, Farbgebung und Anordung der Layout-Elemente in Ihren Dokumenten genau beschrieben:

Logo
Angaben zu Größe, Form, Farbgebung, Beschriftung und Anordnung des Logos.

Farben
Angaben zu Farbtönen und Farbwerten für Schrift, Bilder, Grafiken und Hintergrund, die in den Dokumenten zum Einsatz kommen.

Typografie
Angaben zu Schriftart, Schriftgröße, Schriftschnitte und Absatzformatierungen.

Bildelemente
Angaben zu Fotos, Illustrationen, Abbildungen und Grafiken.

Dokumente
Angaben über Seitenformate, Satzspiegel und Text-Bild-Komposition.

Das Corporate Design Manual legt den Gestaltungsrahmen so weit, wie nötig, fest. Es sollten trotz der Festlegungen jedoch noch genügend Freiräume für das kreative Gestalten Ihrer Layouts vorhanden sein. Denn bei einer zu detaillierten Regelung besteht die Gefahr, dass der Gesamteindruck Ihrer Unterlagen leblos und langweilig wirkt. Manche Unternehmen stellen ihr Corporate Design Manual auch im Internet bereit. Lassen Sie sich davon inspirieren, wie Sie Ihr eigenes Corporate Design entwickeln möchten.

Sehen Sie nun einen Ausschnitt aus dem Corporate Design Manual zu diesem Buch:

EXKURS Corporate Design

Kreisring zur Navigation

Kreisring
Zur Navigation durch die Inhalte im Buch wurde ein Kreisring-Logo gewählt. Der Kreisring symbolisiert in vereinfachter Form eine Zielscheibe und dient zur Navigation durch die vier Inhaltsbereiche des Buchs. Dazu ist der Kreisring farblich in vier Segmente unterteilt, über die entsprechenden Farben weiß der Nutzer automatisch, in welchem Inhaltsbereich er sich befindet.

Kreisring-Logo

- Position des Logos: Der Mittelpunkt befindet sich 45 mm vom rechten Rand und 25 mm vom oberen Rand entfernt.
- Form des Logos: Vier Kreisring-Segmente und ein zum Mittelpunkt hin geöffnetes Linienkreuz.
- Größe des Logos: Radius ist 10 mm, der Abstand zwischen den Kreisring-Segmenten beträgt 1 mm.
- Farben des Logos: das aktive Kreisring-Segment in den entsprechenden Grundfarben gelb, orange, grün oder blau. Die inaktiven Segmente in grau.

Die vier Farben im Kreisring stehen stellvertretend für die Inhalte:

Zielsetzung — Planung — Gestaltung — Auswertung

EXKURS Corporate Design

Farbtöne und Farbwerte

Die vier Grundfarben gelb, orange, grün und blau werden in den Farbwertabstufungen 100%, 80%, 60%, 40% und 20% eingesetzt:

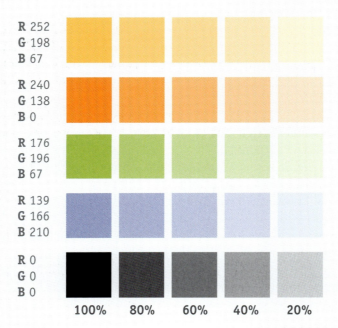

Die Farben dienen als Navigationshilfe durch das Buch. Sie werden eingesetzt

- zur Navigation durch den Kreisring,
- für Linien im Kopf- und Fußbereich,
- bei den Kapitelüberschriften und
- bei der Gestaltung von Grafiken und Tabellen.

EXKURS Corporate Design

Schrift und Absatzformate

Es wurde die Schriftfamilie ITC Officina gewählt in den Schriftschnitten book, bold und bold italic, in serifenbetonter (Serif) und serifenfreier (Sans) Variante:

ITC Officina Serif Book 10 pt
ABCDEFGHIJKLMNOPQRSTUVWXYZÄÖÜ
abcdefghijklmnopqrstuvwxyzäöü
0123456789ß.,;:!?"@$%&<>=+-*/(){}

ITC Officina Sans Book 10 pt
ABCDEFGHIJKLMNOPQRSTUVWXYZÄÖÜ
abcdefghijklmnopqrstuvwxyzäöü
0123456789ß.,;:!?"@$%&<>=+-*/(){}

ITC Officina Serif Bold 10 pt
ITC Officina Serif Bold Italic 10 pt

ITC Officina Sans Bold 10 pt
ITC Officina Sans Bold Italic 10 pt

Es wurden folgende Absatzformate verwendet:

ÜBERSCHRIFT_1 SANS BOLD 14 PT

Überschrift_2 Sans Bold 12 pt

Überschrift_3 Serif Bold 10 pt

Subtext Sans Book 10 pt, Zeilenbstand 13 pt, Sperrung 75%

Fließtext Serif Book 10 pt, Zeilenabstand 13 pt

Marginalien Sans Book, Schriftgröße 10 pt, Zeilenabstand 13 pt

Schreibschrift in Bradley Hand Bold 8 pt, Zeilenabstand 10 pt

EXKURS Corporate Design

Bildmaterial

Als Bildmaterial werden auf den Inhalt abgestimmte Fotos, Illustrationen und Abbildungsgrafiken verwendet. Für die PowerPoint-Präsentation wurden lizenzfreie Fotos aus den Bildarchiven Photocase, Istockphoto und Fotolia ausgewählt:

fotolia.com
7656253

photocase.com
3869021

photocase.com
4915957

iStock.com
000006184798

iStock.com
000005577114

iStock.com
000007821377

photocase.com
4919701

iStock.com
000001952039

iStock.com
000008188684

Alle anderen Fotos sowie Illustrationen, Abbildungen und Grafiken wurden von der Autorin angefertigt.

EXKURS Corporate Design

Format und Satzspiegel

Die Seitenränder und der Satzspiegel sind in diesem Buch wie folgt angelegt:

Format
Breite 210 mm
Höhe 238 mm

Satzspiegel
Bundsteg 25 mm
Außensteg 50 mm
Kopfsteg 25 mm
Fußsteg 25 mm

Die Positionen von Satzspiegel und den Layout-Elementen im Kopf- und Fußbereich sind wie folgt festgelegt:

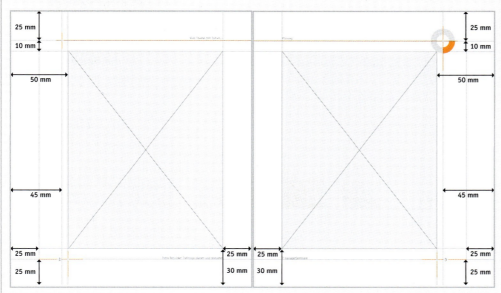

SCHRITT IN DIE TRAININGSGESTALTUNG

Alle Unterlagen sind erstellt. Der nächste Schritt geht direkt ins Training.

Mit welchen Ergebnissen gehen Sie ins Training?
Was ist geschafft? Sie verfügen nun über das notwendige Grundlagenwissen, um professionell Dokumente und Präsentationsfolien für Ihr Training zu gestalten. Sie haben die Grundkenntnisse erlangt, wie die einzelnen Layout-Elemente definiert werden und Sie kennen die grundlegenden Gestaltungsprinzipien für ein durchgängiges professionelles Design.

 Sie haben alle **Teilnehmerdokumente** erstellt, die Sie für das Training brauchen: Teilnehmerskript, Arbeitsblätter, Artikel, ...

 Für Ihre Input-Phasen haben Sie **Präsentationsfolien** erstellt.

 In einem **Corporate Design Manual** haben Sie alle Gestaltungsrichtlinien gesammelt, die das durchgängige Design Ihrer Dokumente und Folien ausmachen.

Was Sie als Nächstes erwartet
Alle Charts, Teilnehmerunterlagen und Präsentationsfolien für Ihr Training sind erstellt. Mit diesen Ergebnissen können Sie nun ins Training gehen. Gestalten Sie die Vorbereitungszeit, das Training selbst und die Nachbereitungszeit Ihres Trainings auf Basis Ihrer planerischen und gestalterischen Voraktivitäten! Auf geht's!

Schritt in die Trainingsgestaltung

IHRE NOTIZEN

Notieren Sie sich auf dieser Seite alle Informationen, die Ihnen in diesem Kapitel wichtig waren.

TRAININGSGESTALTUNG

Trainingsgestaltung   **224**

Vor dem Training   **226**
Seminarorganisation
Erwartungsfragebogen & Konzeptabstimmung
Raumgestaltung

Einstieg   **238**
Begrüßung & Organisatorisches
Kennenlernen & Erwartungsabfrage
Inhaltlicher Rahmen & Themenspeicher
Ziele, Inhalte & Ablauf
Spielregeln

Im Training   **244**
Wissen vermitteln
Gruppen arbeitsfähig machen
Raum für Reflexion geben
Hinter den Kulissen

Ausstieg   **253**
Reflexion & Lerntransfer
EXKURS Reflexion mit einer Schatzkarte
Feedback & Verabschiedung

Nach dem Training   **260**
Lerntransfer sichern

Schritt in die Auswertung   **264**

TRAININGSGESTALTUNG

Gestalten Sie die drei Durchführungsphasen eines Trainings – vor, während und nach dem Training.

Lernräume gestalten
Lernräume gestalten bedeutet nicht nur den Raum als solchen zu gestalten, sondern auch Lernatmosphäre zu gestalten, Lernmotivation zu schaffen, Arbeitsgruppen arbeitsfähig zu machen und Raum für Reflexion zu geben. Lernräume gestalten verfolgt ein großes Ziel: Lernen darf Spaß machen!

Zeit- und Organisationsmanagement anwenden
Vor, während und nach dem Training kommt es auf Ihr gutes Zeit- und Organisationsmanagement an. *Welche Tätigkeiten muss ich unmittelbar vor dem Training durchführen? Welche Aufgaben erledige ich während des Trainings? Welche Maßnahmen stehen im Anschluss an das Training an?*

Wissen vermitteln und Lerntransfer sichern
Ihr Auftrag als Trainer lautet: Wissen vermitteln und den Transfer des Erlernten in den Arbeitsalltag einleiten, unterstützen und begleiten. Die Frage des Lerntransfers stellt sich dabei nicht erst zum Ende des Trainings. Als Trainer sollten Sie sich durchgängig diese Fragen stellen:

Was kann ich als Trainer vor dem Seminar tun?
- Ich erfrage im Vorfeld die Erwartungen und Erfahrungen meiner Teilnehmer.
- Ich stimme das Trainingskonzept auf die Erwartungen meiner Teilnehmer ab.

Was kann ich als Trainer im Seminar tun?
- Zu Beginn kläre ich Erwartungen, Ziele und Inhalte.
- Lerninhalte verknüpfe ich mit Fallbeispielen aus der beruflichen Praxis.
- In Lerneinheiten gebe ich genug Raum für Reflexion und Erfahrungsaustausch.
- Am Ende gebe ich genug Raum für die Erarbeitung eines Umsetzungsplans.

Wie kann ich als Trainer nach der Maßnahme einen optimalen Transfer unterstützen?
- Ich begleite bei Bedarf einzelne Teilnehmer bei der Umsetzung und dem Transfer.
- Ich biete eine Follow-up-Veranstaltung zum Erfahrungsaustausch an.

Trainingsgestaltung

Hier nun die Reiseroute durch das Kapitel:

1. Vor dem Training

Durch gutes Organisations- und Zeitmanagement systematisch das Training vorbereiten.
- Seminarorganisation
- Erwartungsfragebogen & Konzeptabstimmung
- Lernräume gestalten und ausstatten

2. Einstieg

Anfangssituationen sollen dem Teilnehmer Orientierung bieten.

- Begrüßung & Organisatorisches
- Kennenlernen & Erwartungsabfrage
- Inhaltlicher Rahmen & Themenspeicher
- Ziele, Inhalte & Ablauf
- Spielregeln gestalten

Ziel ist es, mit gutem Zeit- und Organisationsmanagement die Zeit vor, während und nach dem Training zu gestalten.

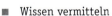

3. Im Training

Im Training nehmen Sie unterschiedliche Aufgaben und Rollen wahr.
- Wissen vermitteln
- Gruppen arbeitsfähig machen
- Raum für Reflexion geben
- Hinter den Kulissen arbeiten

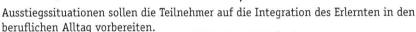

4. Ausstieg

Ausstiegssituationen sollen die Teilnehmer auf die Integration des Erlernten in den beruflichen Alltag vorbereiten.
- Rückschau & Reflexion
- Vorschau & Umsetzungsplan
- Feedback & Verabschiedung

5. Nach dem Training

Auch nach dem Training gibt es noch eine Menge zu erledigen:
- Raum aufräumen
- Fotoprotokoll erstellen
- Themenspeicher abarbeiten
- Transfer begleiten

© managerSeminare

VOR DEM TRAINING

Durch gutes Organisations- und Zeitmanagement systematisch das Training vorbereiten.

Mit der Anmeldephase beginnt die Zeit, in der insbesondere Ihr Organisations- und Zeitmanagement gefragt sind. Klar ist: Je häufiger Sie mit Ihrem Trainingskonzept den Trainingszyklus durchlaufen haben, desto routinierter werden Sie auf Basis Ihrer Unterlagen die letzte Phase vor dem eigentlichen Trainingsbeginn meistern.

Seminarorganisation
Organisieren Sie effektiv und effizient. Für die Seminarorganisation stehen Ihnen einige Checklisten zur Verfügung, damit Sie das Rad nicht immer wieder neu erfinden müssen.

- Checkliste mit Anmeldungsdaten
- Checkliste für Seminarunterlagen
- Checkliste für Materialbedarf
- Checkliste zur Raumausstattung

Erwartungsfragebogen & Konzeptabstimmung
Investieren Sie Zeit, um im Vorfeld die Erwartungen und Erfahrungen Ihrer Teilnehmer abzufragen. Mit einem Erwartungsfragebogen können Sie den konkreten Bedarf Ihrer Teilnehmer vor der Veranstaltung abfragen und Ihr Trainingskonzept somit individuell auf die Teilnehmergruppe abstimmen.

Raumgestaltung
Investieren Sie Zeit in die Gestaltung des Seminarraums. Gestalten Sie den Raum derart, dass Sie und Ihre Teilnehmer sich wohlfühlen. Der Zeitaufwand, den Sie in die Raumgestaltung investieren, lohnt sich!

Vor dem Training

Seminarorganisation

Im Kapitel „Seminarrahmen" haben Sie sich bereits mit den Fragen zu Teilnehmern, Zeiten und Raumausstattung auseinandergesetzt. Nun werden die Rahmenbedingungen konkretisiert und in Checklisten detailliert aufgeführt.

◁◁
Seminarrahmen
Seite 20

Anmeldung
Checkliste mit Daten rund um das Seminar:

- Daten zum Veranstaltungsort
- Anmeldungsformulare
- Teilnehmerdaten

Unterlagen
Checkliste mit allen Unterlagen, die im Seminar benötigt werden:

- Teilnehmerunterlagen
- Werbungsmaterial
- Handouts und Artikel
- Poster und Charts
- Bücher zur Ansicht

Materialbedarf
Checkliste mit dem Material, was im Seminar benötigt wird:

- Moderationskarten
- Moderationsstifte
- Moderationszubehör
- Flipchart- und Pinnwandpapier

Raumausstattung
Checkliste, wie der Raum ausgestattet werden soll:

- Flipcharts und Pinnwände
- Möbel und Bestuhlung
- Technikgeräte
- Dekorationsmaterial

Zeitpunkt, um Checklisten zu erstellen:

2–4 Wochen vor Seminarbeginn

Handout Seminarorganisation – Anmeldung
Im Handout Seminarorganisation – Anmeldung können Sie alle Daten und Notizen zum Anmeldungsprocedere erfassen.

Handout Seminarorganisation

Vor dem Training

Handout Seminarorganisation – Unterlagen
Im Handout Seminarorganisation – Unterlagen finden Sie eine Checkliste mit allen Unterlagen, die im Seminar benötigt werden.

Seminarorganisation

Unterlagen

Teilnehmerunterlagen
- 1 Teilnehmerliste
- 8 Script gebunden
- 1 Script offen im Ordner
- 40 Bögen Lerntagebuch
- 9 Bögen Umsetzungsplan
- 9 Feedbackbögen
- 8 Zertifikate

Firmenunterlagen
- X Visitenkarte
- X Broschüre
- X Flyer

Handouts und Artikel
- 9 Handouts „Gesprächsstörer"

Poster und Charts
- 1 Herzlich Willkommen
- 1 Agenda
- 1 Themenspeicher
- 1 Spielregeln
- 1 Axiome der Kommunikation
- 1 Nachrichtenquadrat

Fachbücher zur Ansicht
- 1 Menschl. Kommunikation
- 1 Miteinander reden 1-3

Notizen
Daran denken: Ein Script und die Handouts als Kopiervorlage mitnehmen, falls ein Teilnehmer mehr erscheint, als geplant.

Handout Seminarorganisation

Handout Seminarorganisation – Materialbedarf
Im Handout Seminarorganisation – Materialbedarf finden Sie eine Checkliste mit allen Materialien, die im Seminar benötigt werden.

Handout Seminarorganisation

Vor dem Training

Handout Seminarorganisation – Raumausstattung

Im Handout Seminarorganisation – Raumausstattung finden Sie eine Checkliste mit allen Möbeln und Geräten, die im Seminar benötigt werden.

Handout Seminarorganisaton

Erwartungsfragebogen & Konzeptabstimmung

Seminarrahmen
Seite 20

Im Kapitel „Seminarrahmen" haben Sie sich bereits mit Fragen zur Zielgruppe und deren (hypothetischen) Erwartungen auseinandergesetzt. Diese sind in Ihr Grundkonzept eingeflossen. Doch nun haben Sie es mit einer Gruppe von konkreten Teilnehmern zu tun. Wenn Sie die Möglichkeit haben, dann bringen Sie bei den angemeldeten Teilnehmern mit einem Erwartungsfragebogen weitere Informationen in Erfahrung:

- konkrete Erwartungen und Nutzenvorstellung des Teilnehmers,
- Erwartungen von Personen aus dem Arbeitsumfeld (Vorgesetzter, Kollegen, Kunden),
- konkrete Vorkenntnisse des Teilnehmers,
- konkrete Wünsche für Fallbeispiele und Praxisbezug.

Termin für Versendung des Erwartungsfragebogens:

2 – 4 Wochen vor Seminarbeginn

Durch das Ausfüllen des Erwartungsfragebogens beschäftigt sich der Teilnehmer bereits vor dem Training aktiv mit eigenen Erwartungen, Zielen und seinen Nutzenvorstellungen. Sie können mit diesen Informationen Ihr Konzept sehr konkret auf die jeweilige Gruppe anpassen. Die gesammelten Erwartungen, Vorkenntnisse und Wünsche sollten Sie auf alle Fälle noch einmal in der Kennenlernrunde ansprechen. Damit geben Sie Ihren Teilnehmern die Möglichkeit, die Erwartungen der anderen kennenzulernen.

Welche Abstimmungen werden am Konzept vorgenommen?
Sie können mit Informationen aus dem Erwartungsfragebogen Ihr Konzept individuell auf die jeweilige Gruppe abstimmen:

Trainingsinhalte abstimmen
Gegebenenfalls müssen Sie Inhalte an die Vorkenntnisse der Teilnehmer anpassen. Halten Sie über Ihre Exzerpte mehr Hintergrundwissen parat, falls zwischen Ihren Teilnehmern bereits viele Experten sitzen.

Trainingsmethoden abstimmen
Gibt es konkrete Wünsche für das Bearbeiten von Fallbeispielen? Brauchen Sie für die Praxisübungen neue Methoden?

Trainingsablauf abstimmen
Sie müssen eventuell die Agenda anpassen. Brauchen Sie mehr Zeit für Input? Mehr Zeit für Übungen und Erfahrungsaustausch zwischen den Teilnehmern?

Wie werden Erwartungen häufig formuliert?

Hier ein kleiner Katalog mit häufig formulierten Erwartungen. Wahrscheinlich werden Sie bei einer Erwartungsabfrage oder spätestens im Seminar auf ähnliche Formulierungen treffen. Notieren Sie sich alle Erwartungen und erstellen Sie einen Katalog, in dem die formulierten Erwartungen, Ihre Hypothesen und Ihre Nachfragen aufgelistet sind. Diesen Katalog können Sie nach jeder Veranstaltung ergänzen und aktualisieren.

Formulierte Erwartung	Hypothesen	Nachfragen
Ich möchte gern besser mit meinen Mitmenschen kommunizieren können.	Selbstaussage des TN: „Ich kommuniziere nicht gut genug." Was heißt „besser"?	*Woran würden Sie festmachen, dass Sie Ihre Kommunikation verbessert haben?*
Ich möchte gern selbstsicherer werden.	Selbstaussage des TN: „Ich bin nicht selbst-sicher genug." Achtung: Dies ist kein Seminar für Selbstsicherheitstraining! Grenzen aufzeigen!	*Was brauchen Sie hier, um selbstsicherer zu werden? Woran würden Sie am Ende festmachen, dass Sie selbstsicherer geworden sind?*
Ich möchte gerne neue Methoden der Kommunikation kennenlernen!	Der Teilnehmer kennt bereits Methoden. Welche?	*Welche Methoden kennen Sie bereits?*
Ich möchte gerne meine Rhetorik verbessern und schlagfertiger sein.	Achtung: Dies ist kein Rhetorik-Seminar! Grenzen aufzeigen!	*Wie genau könnten Sie in diesem Seminar Ihre Rhetorik verbessern?*
Ich möchte gern konstruktiver in Konfliktsituationen reagieren können.	Selbstaussage des TN: „In Konfliktsituationen reagiere ich nicht angemessen."	*Was genau meinen Sie mit „konstruktiver reagieren"?*

Mit diesem Katalog sind Sie später in der Kennenlernrunde bestens auf Erwartungshaltungen Ihrer Teilnehmer vorbereitet. Sie können auf die Erwartungen eingehen, Grenzen setzen und vor allem den Teilnehmer in seiner Erwartungshaltung sensibilisieren und ihm Impulse geben, um eine realistische Perspektive einzunehmen.

Handout Erwartungsfragebogen

Auf der ersten Seite des Erwartungsfragebogens werden die Erfahrungen und Erwartungen des Teilnehmers abgefragt.

Erwartungsfragebogen

Veranstaltung	Werteorientierte Kommunikation
Veranstaltungsdatum	24./25. Juli 2011
Veranstaltungsort	Hardegsen – Burghotel
Mein Name	Moni Muster

1. Wie weit haben Sie vor dem Seminarbesuch mit Ihrer Führungskraft über das Erlernte und dessen Umsetzung am Arbeitsplatz gesprochen?

- [ ] Gar nicht.
- [x] Kurz über die gegenseitigen Erwartungen an das Seminar.
- [ ] Ausführlich über Inhalte, Erwartungen und Umsetzung in die Praxis.
- [ ] Ausführlich über die Inhalte und die Umsetzung in die Praxis. Darüber hinaus haben wir konkrete Vereinbarungen getroffen.

2. Wie weit haben Sie sich vor dem Seminarbesuch bereits mit dem Thema befasst?

- [ ] Ich habe keinerlei Vorkenntnisse.
- [ ] Ich habe zu diesem Thema bereits ein Seminar besucht, aber das ist schon länger her.
- [x] Ich habe mich mit diesem Thema schon einmal etwas beschäftigt.
- [ ] Ich habe bereits gute Vorkenntnisse, die ich in diesem Seminar auffrischen bzw. erweitern möchte.

3. Ich verspreche mir folgenden Nutzen von dem Seminar:
Ich möchte nach dem Seminar sicher in Gesprächen sein können und in schwierigen Situationen souverän in meiner Rolle bleiben.

4. Ich habe folgende konkrete Erwartungen an dieses Seminar:
- Konkrete Beispiele aus meinem Arbeitsalltag einbringen können
- Praktische Übungen machen und Rollenspiele einüben

Handout Erwartungsfragebogen

Vor dem Training

Handout Erwartungsfragebogen

Auf der zweiten Seite des Erwartungsfragebogens werden Erwartungshaltungen aus dem Arbeitsumfeld abgefragt. Am Ende kann der Teilnehmer ein Fallbeispiel formulieren.

Erwartungsfragebogen

5. In meinem Arbeitsumfeld könnten folgende Erwartungen an meine Teilnahme geknüpft sein:

Folgende Erwartungen ...	... sind für mich realistisch und umsetzbar?		... entsprechen auch meinen Erwartungen?	
	Ja	Nein	Ja	Nein
... meines Vorgesetzten: Ich soll nach dem Seminar als Ansprechpartner bei schwierigen Situationen im Team zur Verfügung stehen.	X	☐	X	☐
... meines Kollegen:	☐	☐	☐	☐
... meines Kunden:	☐	☐	☐	☐

6. Folgende Problemstellung / Arbeitssituation möchte ich gern als Fallbeispiel im Seminar bearbeiten:

Beschreiben Sie kurz die Situation und mit welcher Fragestellung Sie Ihr Fallbeispiel einbringen möchten.

Kundensituation: Bei der Reklamation ist ein Kunde ungehalten und fängt an, mich zu beleidigen. Wie reagiere ich in solchen Situationen angemessen?

Handout Erwartungsfragebogen

Raumgestaltung

Es ist schon fast eine innenarchitektonische Kunst, auch *schwierige* Seminarräume einladend zu gestalten. Ein Seminarraum sollte im Idealfall folgende Eigenschaften erfüllen:

Zeitansatz für
Raumgestaltung:

2 – 3 Stunden

- Vom Schnitt her sollte er quadratisch oder länglich, vor allem nicht zu schmal sein.
- Groß genug, ruhig, hell, gut belüftbar, mit großen Fenstern.
- Verstellbare (nicht fest verschraubte und verkabelte) Arbeitstische.
- Stühle mit Polster und Armlehne.
- Stabile und ausreichend viele Flipcharts und Pinnwände.
- Qualitativ hochwertiges Pinnwand- und Flipchartpapier.
- Über einen gut ausgestatteten Moderationskoffer mit aufgefüllten Moderationsstiften verfügen.

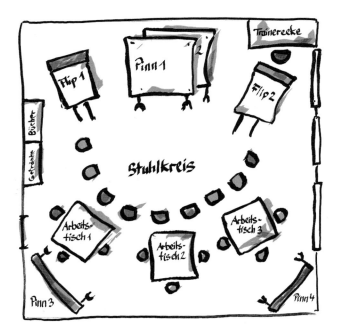

Seminarräume besitzen in der Regel wenige dieser Eigenschaften. Wenn ich mich auf Reisen zu einem mir unbekannten Seminarraum begebe, mache ich mich auf das Schlimmste gefasst. Häufig werde ich dabei sogar noch überrascht, *wie schlecht* manche Räume ausgestattet sind.

Was ich mitbringe, ist, neben den Materialien, die meinen Qualitätsansprüchen genügen, vor allem Zeit! Zeit, um mich mit dem Raum *anzufreunden* und aus ihm das Beste zu machen, damit ich mich mit meinen Teilnehmern zwei Tage lang in diesem Raum wohlfühlen kann. In den meisten Hotels habe ich am Vorabend die Möglichkeit, den Raum für den nächsten Tag einzurichten. Für das Einrichten brauche ich dann, je nachdem, wie lange ich das Inventar zurechtrücke, zwischen zwei und drei Stunden.

Mein innenarchitektonisches Resultat halte ich stets per Fotokamera und in Form einer schnellen Skizze fest – für den Fall, dass ich diesen Raum für ein späteres Seminar noch einmal zugewiesen bekomme …

Gestalten Sie den Raum liebevoll – Sie und Ihre Teilnehmer sollen sich darin schließlich längere Zeit wohlfühlen. Bei der Raumgestaltung gehe in vier Schritten vor:

1. Ankommen und sondieren
- Ankommen und Gepäck abladen
- Raum fotografieren – vier Perspektiven
- Entscheidung – an welcher Wand ist die Bühne

2. Möbel rücken
- Pinnwände und Flipcharts positionieren
- Trainertisch in die Bühnenecke
- Stuhlkreis vor der Bühne positionieren
- Arbeitstische in der hinteren Hälfte des Raumes aufbauen (drei Gruppentische)
- Tische für Bücher und Getränke positionieren

Seminarraum vorher

3. Material ausbreiten
- Pinnwände *lausen* (von Pinnwandnadeln befreien) und neu bespannen
- Arbeitsmaterialien und Skripte auf den Arbeitstischen verteilen
- Trainertisch einrichten
- Bücher und Werbematerial auf den Büchertisch
- Pinnwände und Flipcharts mit Charts des Einstieg-Moduls bespannen
- Poster aufhängen

Seminarraum nachher

4. Raumgestaltung abschließen
- Raum fotografieren – vier Perspektiven

Sollten Sie einmal keine Vorbereitungszeit für die Einrichtung des Raums haben, dann heißt es, sich von dem architektonischen Perfektionisten zu verabschieden, der den Raum perfekt eingerichtet sehen möchte. Dann improvisieren Sie doch einfach: Lassen Sie die Teilnehmer einmal die Tische und Pinnwände rücken und das Arbeitsmaterial verteilen. Das eigene „Anpacken" der Teilnehmer lockert oft auch die Atmosphäre im Seminarraum auf!

EINSTIEG

Anfangssituationen prägen die Seminaratmosphäre. Sie sollen am Anfang das Eis brechen und dem Teilnehmer Orientierung bieten.

Ziel des Einstieg-Moduls ist, den Teilnehmern Orientierung zu geben. Teilnehmer sind in Anfangssituationen unsicher. Planen Sie genug Zeit für einen intensiven **Einstieg** ein: Die Anfangsorientierung sollte 10 bis 20 Prozent der Seminarzeit in Anspruch nehmen. Wählen Sie Methoden und Techniken, um in Anfangssituationen Orientierung zu bieten, das Eis zu brechen, Unsicherheiten und Ängste abzubauen. Hier die einzelnen Stationen des Einstieg-Moduls:

1. Begrüßung und Organisatorisches
Empfangen Sie Ihre Teilnehmer persönlich in einer einladenden Seminaratmosphäre. Nach der offiziellen Begrüßung stellen Sie den organisatorischen Rahmen sicher.

2. Kennenlernen und Erwartungsabfrage
Die Teilnehmer lernen sich kennen und bekommen die Möglichkeit, Ihre Erwartungen zu formulieren.

3. Inhaltlicher Rahmen und Themenspeicher
Sie nehmen Bezug auf die Erwartungen und stellen einen Rahmen auf, in dem Sie visualisieren können, was von den Erwartungen erfüllt werden kann und was nicht. Sie führen einen Themenspeicher ein.

Zeitansatz für Einstieg:

10 – 20% der Seminarzeit

4. Seminarziele, Inhalte und Agenda
Sie erläutern die Seminarziele, die Inhalte und den zeitlichen Ablauf.

5. Spielregeln
In manchen Veranstaltungen bietet es sich an, gemeinsame Spielregeln miteinander zu vereinbaren.

Nach der Anfangsphase sollte ein Großteil aller Fragezeichen hinsichtlich organisatorischer und inhaltlicher Themen in den Köpfen Ihrer Teilnehmer verschwunden sein.

Einstieg

Begrüßung & Organisatorisches

Empfangen Sie Ihre Teilnehmer in einer einladenden Seminaratmosphäre: mit angenehmer Musik im Hintergrund, Kaffee und Erfrischungsgetränken und einladenden Sitzplätzen im Stuhlkreis.

Begrüßung

Eine halbe Stunde vor Seminarbeginn treffen meistens schon die ersten Teilnehmer ein. Nach und nach versammeln sie sich im Seminarraum. Zeigen Sie sich präsent, indem Sie jeden Teilnehmer persönlich mit Handdruck begrüßen und Sie ihn herzlich Willkommen heißen.

Den Seminarbeginn signalisieren Sie, indem Sie die Hintergrundmusik ausschalten, Ihren Platz einnehmen und aufmerksam in die Runde schauen. Dann erfolgt die offizielle Begrüßung. Sie heißen alle Teilnehmer herzlich Willkommen und finden einige einleitende Worte zu der Veranstaltung.

Organisatorisches

Bieten Sie Orientierung, indem Sie zu Beginn alle organisatorischen Fragen klären:

- räumliche Orientierung: *Wo befinden sich Toiletten, Pausenzonen, Telefon, Garderobe?*
- zeitliche Orientierung: Geben Sie einen groben zeitlichen Rahmen – benennen Sie die großen vier Zeiten: *Wann fangen wir morgens an? Von wann bis wann ist Mittagspause? Wann hören wir abends auf?*
- Verpflegung: *Wann und wo gibt es Erfrischungen und Snacks zwischendurch? Gibt es mittags und abends eine gemeinsame Mahlzeit?*
- Unterkunft im Hotel: Zeiten zum Einchecken und Auschecken, Infos zur Bezahlung, ...
- Mitschriften, Seminarunterlagen, Fotoprotokoll, ...

Sind noch offene Fragen der Teilnehmer zu klären? Unbedingt nachfragen! Häufig kommt in dieser Phase oder spätestens bei der Vorstellung der Agenda die Anfrage, ob das Seminarende auch eine halbe oder ganze Stunde vorverlegt werden kann, damit Züge noch erreicht werden etc. Mein Tipp: Stellen Sie sich auf diese Frage ein und nehmen Sie eine klare Stellung dazu ein – vermeiden Sie zu Beginn des Seminars Verhandlungen mit einzelnen Teilnehmern zu den ausgeschriebenen Seminarzeiten.

Zeitansatz für Begrüßung und Organisatorisches:

15 – 20 Minuten

Kennenlernen & Erwartungsabfrage

Zu Beginn ist es sehr wichtig, dass sich die Teilnehmer untereinander kennenlernen und ihre Ziele, Wünsche und Erwartungen formulieren können.

Wer sind die anderen? Teilnehmer möchten wissen, mit wem Sie es zu tun haben. Die eigene Darstellung vor einer großen und unbekannten Gruppe bedeutet für jeden Teilnehmer erst einmal Stress und Unsicherheit. Wählen Sie daher eine Vorstellungsmethode, die die Ängste und Unsicherheiten Ihrer Teilnehmer reduziert. Als Trainer sollten Sie in Ihrer eigenen Vorstellung modellhaft vorgeben bzw. vorleben, was in der Vorstellungsrunde erzählt wird. Erzählen Sie von sich etwas Privates über Familie, Hobbies etc., werden es die Teilnehmer meistens auch tun. Etwas Persönliches von sich zu erzählen bricht das Eis.

Erwartungsabfrage

Die Teilnehmer bringen Erwartungen mit in das Seminar. Die Geister scheiden sich unter den Trainern, ob und zu welchem Zeitpunkt eine Erwartungsabfrage durchgeführt werden soll. Warum ich am Anfang eine Erwartungsabfrage mache:

Zeitansatz für Kennenlernen und Erwartungsabfrage:

45 – 60 Minuten

- Damit sich die Teilnehmer am Anfang noch einmal damit auseinandersetzen und sich klar darüber werden, warum sie eigentlich teilnehmen. Natürlich ist auch die Antwort erlaubt: *Ich habe keine Erwartungen, ich bin ganz offen, was hier so alles passiert.*
- Damit ich mir als Trainerin ein Bild machen kann, wo der thematische Schwerpunkt der Gruppe liegt, und ich mich darauf einstellen kann.
- Damit ich den Teilnehmern zeigen kann, dass ich sie ernst nehme und ihnen das Gefühl geben kann, dass sie Einfluss auf das Seminargeschehen nehmen können.

Erwartungs-
formulierungen
Seite 234

Wenn Sie Erwartungen zu Beginn abfragen,
- sollten Sie davon ausgehen, dass Erwartungen eher pauschal formuliert werden – sie sollten dann konkret nachhaken, was gemeint ist.
- sollten Sie auch wirklich (!) interessiert daran sein, auf die Erwartungen Ihrer Teilnehmer einzugehen – und nicht nur zu Beginn, sondern immer wieder im Verlauf des Seminars und am Ende abfragen, ob die Erwartungen erfüllt wurden.
- sollten Sie blitzschnell reagieren und aufzeigen können, welche Erwartungen realistisch erfüllt werden können und welche nicht.

Einstieg

Inhaltlicher Rahmen & Themenspeicher

Die Erwartungen Ihrer Teilnehmer sind formuliert. Lernen Sie nun zwei visuelle Hilfsmittel kennen, mit denen Sie unmittelbar danach zu den Erwartungen Stellung nehmen können.

Der Rahmen
Die erste Reaktion auf die formulierten Erwartungen Ihrer Teilnehmer kann sein, dass Sie mit Hilfe eines Rahmens visualisieren, welche erwarteten Themengebiete im Rahmen Ihres Konzeptes realistisch bearbeitet werden können und welche nicht. Dabei kann das jeweilige Thema im Rahmen, auf dem Rahmen oder außerhalb des Rahmens liegen. Sie können auf diese Weise klare thematische Abgrenzungen visualisieren und somit im Vorfeld unrealistische Erwartungen einzelner Teilnehmer ausräumen. Verweisen Sie bei Ihren Erläuterungen auch auf den Ausschreibungstext.

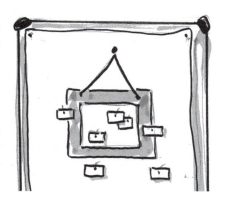

Der Themenspeicher
Ein weiteres Hilfsmittel, das Sie in dieser Phase einführen können, ist der Themenspeicher. Hier werden alle Themen, Fragen, Anmerkungen, Aufträge und Tipps aufgeschrieben, die im Laufe der Veranstaltung angesprochen, aber im Rahmen des Konzepts und der Agenda nicht weiter vertieft werden können. Auf diese Weise gehen wertvolle Impulse nicht verloren und können gegebenenfalls an anderer Stelle wieder aufgegriffen zu werden.

Hängen Sie den Themenspeicher an einem gut sichtbaren Ort auf. Ich befestige den Themenspeicher meistens neben der Ausgangstür – daran gehen die Teilnehmer häufig vorbei und sehen den aktuellen Stand der Eintragungen. Nehmen Sie Ihren Teilnehmern die Angst vor dem weißen Blatt Papier, indem Sie selbst auf dem Themenspeicher Einträge vornehmen (z.B. Internet-Links zur Vertiefung eines speziellen Themas, Büchertipps, …).

Zeitansatz für Rahmen und Themenspeicher:

10 – 15 Minuten

Ziele, Inhalte & Ablauf

Benennen Sie am Anfang unbedingt konkret die Seminarziele, die Inhalte und geben Sie einen zeitlichen Ablauf in Form einer Agenda vor.

Seminarziele klar benennen

Die Ziele des Seminars sollten von Ihnen am Anfang klar benannt werden. Legen Sie dar, wann aus Ihrer Sicht das Seminar erfolgreich sein wird. Die Seminarziele sollten Sie in Form von Richtzielen formulieren, die Sie dann in den einzelnen Lernmodulen und dort in den einzelnen Modulphasen immer weiter spezifizieren.

Das visuelle Hilfsmittel: Schreiben Sie die Seminarziele auf ein Chart und hängen Sie dieses gut sichtbar auf. Sie bieten Ihren Teilnehmern damit Orientierung.

Agenda

Die Agenda zeigt auf, wann und mit welcher Zeitdauer die einzelnen Themen durchgenommen werden und wann die Pausen sind. Sie können die Agenda im Vorfeld aufhängen, sodass jeder Teilnehmer sich im Inneren mit dem Zeitplan auseinandersetzen und anhand der Themengebiete bereits seine Erwartungen formulieren kann. Sie können die Agenda aber auch erst im Zuge der Vorstellung Ihrer Seminarinhalte aufhängen. Machen Sie immer deutlich, dass die Zeiten der Lernmodule nur Richtwerte sind. Aber: Die *großen vier Zeiten* sollten möglichst immer eingehalten werden!

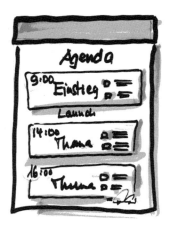

Zeitansatz für Ziele, Agenda und Inhalte:

15 – 20 Minuten

Inhalte aufführen

Erläutern Sie die Inhalte des Seminars. Nehmen Sie auch hier Bezug auf die Erwartungen Ihrer Teilnehmer. Diese fühlen sich dann angesprochen und wissen, wann ihr Thema an der Reihe ist. Sie sollten hier die Lernmodule hinsichtlich der Seminarziele erläutern und sich auch auf Rückfragen der Teilnehmer einstellen.

Einstieg

Spielregeln

In Seminaren, in denen eine hohe Gruppendynamik zu erwarten ist, macht es Sinn, zu Beginn der gemeinsamen Arbeit Regeln zum Umgang miteinander zu erarbeiten. Dazu gehören Themen wie:

- der Umgang mit Zeiten und Pünktlichkeit,
- der Umgang mit Handys und Laptops,
- der Umgang mit vertraulichen Inhalten,
- der Umgang miteinander bei Konflikten und Störungen.

Wichtig ist, dass Sie diese Regeln gemeinsam erarbeiten und diese nicht allein aus einer Ansammlung von Verhaltensregeln bestehen, die Ihnen wichtig sind. Alle Teilnehmer sollten hinter den Regeln stehen. Es ist Ihr gemeinsamer Gruppenkontrakt, wie Sie miteinander in der Gruppe umgehen wollen.

Ihr visuelles Hilfsmittel: Erarbeiten Sie ein halbstrukturiertes Chart, auf dem Sie die Regeln formulieren möchten. Hängen Sie die erarbeiteten Spielregeln gut sichtbar im Seminarraum auf. So kann bei einem Regelverstoß sofort interveniert werden und man kann sich gemeinsam auf die vereinbarten Spielregeln berufen. Mit Spielregeln können Sie vorbeugend auf schwierige Situationen und Konflikte reagieren, indem Sie erwünschte Verhaltensweisen für den Störfall definieren.

Spielregeln sollten am Anfang des Seminars nur dann eingeführt werden, wenn es thematisch oder gruppenbezogen angemessen ist. In der Regel sind dies Veranstaltungen, in denen mit einer regen Gruppendynamik zu rechnen ist. Sie können die Spielregeln auch erst dann aufstellen, wenn sich konflikthafte Situationen anbahnen. Beachten Sie: Eine Aufstellung von Spielregeln in einem unangemessenen Rahmen kann bewirken, dass die Teilnehmer Widerstände aufbauen, weil Sie sich eventuell bevormundet vorkommen.

Zeitansatz für Spielregeln:

10 – 15 Minuten

IM TRAINING

Lernmodule zwischen Einstieg und Ausstieg gestalten. In den drei Sozialformen und in den verschiedenen Modulphasen haben Sie dabei jeweils andere Rollen.

Die Inputphase gestalten Sie aktiv in der Rolle des Lehrenden.

Im Training gestalten Sie den Ablauf und die Abfolge der Lernmodule. Dabei wechseln Sie stets zwischen Inhalt aufnehmenden und Inhalt verarbeitenden Arbeitsphasen. Folglich müssen Sie auch Rollenwechsel vornehmen:

Teilnehmern Wissen vermitteln
Trainerrolle: Lehrender
Kompetenz: Schwerpunkt Fachkompetenz
Sozialform: Plenum
Modulphase: Informationsaufnahme
Hauptaufgaben: Darbietung, Präsentation, Wissen vermitteln

Gruppen arbeitsfähig machen
Trainerrolle: Beobachter, Prozessbegleiter, Moderator
Kompetenz: Schwerpunkt Methoden- und Sozialkompetenz
Sozialform: Partner- und Kleingruppenarbeit
Modulphasen: Informationsverarbeitung und Ergebnispräsentation
Hauptaufgaben: Gruppenübungen anleiten, begleiten und steuern

Raum für Reflexion geben
Trainerrolle: Coach
Kompetenz: Sozial- und Selbstkompetenz
Sozialform: Einzelarbeit
Lernmodulphasen: Reflexion und Bewertung
Hauptaufgaben: Rückschau, Hinterfragen, Thesen und Maximen aufstellen

Hinter den Kulissen arbeiten
Trainerrolle: Gestalter, Zeit- und Organisationsmanager
Kompetenz: Gestalterische Kompetenz, Organisationskompetenz
Modulphasen: während der Kleingruppenarbeit, in den Pausen
Hauptaufgaben: Bühnenbilder wechseln, Fotografieren, Organisieren

Im Training

Wissen vermitteln

Beim Vermitteln von Wissen befinden Sie sich in der aktiven Rolle des Lehrenden im Zentrum des Geschehens. Sie tragen vor und präsentieren – die Teilnehmer hören zu und nehmen auf. Gefragt ist Ihre Fachkompetenz – Sie vermitteln die fachlichen Inhalte. Sie sind der Fachexperte.

Hier ein paar Anregungen:

- Denken Sie bei der Vermittlung des Lernstoffs an die vier Verständlichmacher: *Einfachheit, Gliederung und Ordnung, Kürze und Prägnanz, anregende Zusätze*. Arbeiten Sie mit Beispielen, Anekdoten, Metaphern, ...
- Knüpfen Sie stets an das Wissen und die Erfahrungen Ihrer Teilnehmer an.
- Nehmen Sie stets Bezug zu dem Teilnehmerskript – wo findet man das Gesagte wieder?
- Merken Sie sich alle Fragen, die die Teilnehmer Ihnen während der Input-Phase gestellt haben. Konnten Sie alle Fragen beantworten? Wenn nicht, stellen Sie sie in den Themenspeicher.
- Haben Sie gleichzeitig die Gruppe und einzelne Teilnehmer im Auge – nehmen Sie wahr, ob alle Teilnehmer noch bei Ihnen sind oder einzelne schon ausgestiegen, weil sie entweder über- oder unterfordert oder schlichtweg gelangweilt sind. Fragen Sie sich: *Wie motiviere ich diese Teilnehmer?*
- Bekommen Sie ein Gespür dafür, wann die Gruppe ermüdet, wann ein Methodenwechsel anliegt und Sie in eine informationsverarbeitende Phase überleiten sollten. Die Faustformel besagt: Eine Input-Phase sollte nicht länger als 20 Minuten dauern.

Vier Verständlichmacher
Seite 81

Ihre visuellen Hilfsmittel: Wann immer es angebracht ist, greifen Sie in der Input-Phase zum Stift und visualisieren Sie! Fertigen Sie im Vorfeld Plakate an, auf denen komplexe Sachverhalte zum Thema bereits visuell aufbereitet sind. Mit dem Einsatz Ihrer Plakate erhöhen Sie nicht nur die Aufmerksamkeit Ihrer Teilnehmer – Sie bewirken auch, dass sich der Lernstoff besser einprägt.

Zeitansatz für Input:

nicht länger als 20 Minuten

Gruppen arbeitsfähig machen

Informationsverarbeitung findet meist in Kleingruppen statt. Die Aufgabe des Trainers ist es, durch konkrete Anleitung die Gruppen arbeitsfähig zu machen. In der informationsverarbeitenden Phase stehen die Teilnehmer im Zentrum des Geschehens. Wenn Gruppen selbstverantwortlich den Input verarbeiten sollen, sind Sie schwerpunktmäßig in der passiven Rolle des Beobachters und Begleiters. Ihre Hauptaufgabe besteht im Anleiten, Begleiten und Steuern von Lerngruppen. Gehen Sie beim Anleiten von Gruppen systematisch in vier Schritten vor:

1. Aufgabenstellung

Beschreiben Sie ganz genau, was die Gruppen konkret bearbeiten sollen. **Parallele Aufgabenstellung** bedeutet: Jede Gruppe arbeitet an der gleichen Aufgabenstellung. Das bietet sich an, wenn ein Thema tief bearbeitet werden soll. **Differenzierte Aufgabenstellung** bedeutet: Jede Gruppe bearbeitet ein Teilthema. Sie eignet sich bei großen und komplexen Themen, die eine Aufteilung in Teilthemen nahelegen.

2. Gruppenzusammenstellung

Legen Sie die Anzahl und die Gruppengröße fest. Stellen Sie die Gruppen nach dem Zufallsprinzip zusammen oder durch konkrete Zuweisungen oder überlassen Sie dies den Teilnehmern.

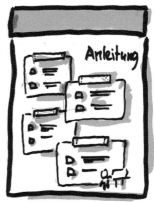

3. Aufgabenbearbeitung

- Nennen Sie eine konkrete **Bearbeitungsdauer** und legen Sie die Uhrzeit fest, wann sich alle wieder im Plenum treffen.
- Benennen Sie konkret, mit welchem **Material** gearbeitet wird: Moderationskarten, Stifte, Pinnwand, …
- Legen Sie den **Ort** fest (Arbeitsräume, Foyer, draußen, …).

4. Ergebnispräsentation

Zeitansatz pro Gruppenarbeit:

20 – 60 Minuten

Benennen Sie ganz genau, wie und in welcher Zeit die Gruppen Ihr Ergebnis später vorstellen sollen. Bei differenzierter Aufgabenstellung stellt jede Gruppe ihr Ergebnis vor. Planen Sie dafür eine feste Zeit pro Gruppe ein. Bei paralleler Aufgabenstellung: Die erste Gruppe stellt ihr Ergebnis vor, die anderen Gruppen ergänzen.

Ihr visuelles Hilfsmittel: Verfassen Sie Ihre Arbeitsinstruktionen am besten auf einem Chart. So vermeiden Sie wiederholte Nachfragen zu den Arbeitsanweisungen.

Im Training

Handout Aufgabenstellung
Ein Aufgabenblatt für Kleingruppenarbeit zum Thema „Do's and Don'ts ". Formulieren Sie die Arbeitsinstruktionen für die Gruppenmitglieder so detailliert wie möglich.

Aufgabenstellung

Veranstaltung
Titel: Werteorientierte Kommunikation
Modul: Gesprächsstörer
Datum: 24. / 25. Juli 2011

Thema „Gesprächsstörer" identifizieren

Bearbeitungsdauer

20 Minuten

Durchführung
Erstellen Sie in Ihrer Gruppe eine Liste mit möglichen „Gesprächsstörern".

Gruppenzusammenstellung

3-4 Personen pro Gruppe

1. Wählen Sie einen Moderator und jemanden, der Ihr Gruppenergebnis präsentiert.
2. Sammeln Sie mögliche Gesprächsstörer und benennen Sie diese.
3. Schreiben Sie die Ergebnisse auf Moderationskarten.

Ort

Suchen Sie sich einen Platz im Raum, an dem Sie ungestört sind.

Material

- Pinnwand
- Moderationskarten
- Stifte

Ergebnispräsentation

- an der Pinnwand
- 5 Minuten für die Präsentation
- 5 Minuten für Nachfragen

Gestaltung >> Aufgabenstellung

Handout
Aufgabenstellung

© managerSeminare

Raum für Reflexion geben

Das Lerntagebuch dient von Anfang an zur kontinuierlichen Aufzeichnung von Lernprozessen über einen längeren Zeitraum.

Lerntagebuch

Das Lerntagebuch dient dem Teilnehmer dazu, neue Erfahrungen und Erkenntnisse festzuhalten, auszuwerten und mit den eigenen Arbeitsstrukturen und Erfahrungen zu verknüpfen. Das Lerntagebuch dokumentiert dabei die persönliche Entwicklung in dem Lernthema, es legt die Schwierigkeiten und Fortschritte dar, die der Teilnehmer auf seinem Lernweg macht.

Geben Sie Ihren Teilnehmern Raum für Reflexion: Reservieren Sie regelmäßige Zeiten für Einträge in das Lerntagebuch, z.B. nach jeder Übung oder zu Beginn/am Ende eines Seminartages. Die Teilnehmer können sich dabei an bestimmten Leitfragen orientieren, wie z.B.:

- *Was habe ich heute gelernt (inhaltlich, methodisch)?*
- *Welche Übungen fand ich gut bzw. was hat mir gefehlt?*
- *Was möchte ich von dem Gelernten umsetzen? Wie setze ich das um?*
- *Was ist für mich noch offen geblieben, was möchte ich noch klären?*

Den Teilnehmern unterstützen die Aufzeichnungen, um am Ende des Seminars den Rückblick, die Umsetzung und den Lerntransfer zu generieren und nach dem Training weiter den Lernfortschritt zu dokumentieren.

Trainerlogbuch

Auch für die eigene Reflexion gibt es ein Tagebuch: das Trainerlogbuch. Hier zeichnen Sie beispielsweise auf

Zeitansatz pro Tagebucheintrag:

5 – 10 Minuten

- wie der Trainingsverlauf war und an welchen Stellen Sie vom Konzept abgewichen sind,
- welche Situationen schwierig waren und wo Sie sich unsicher gefühlt haben und
- welche neuen Fragen und Anmerkungen die Teilnehmer hatten.

Halten Sie so viel wie möglich von den Eindrücken während des Seminars in Ihrem Trainerlogbuch fest. Es dient Ihnen in der Auswertungsphase für die Selbstreflexion, für neue Ziele und für die Arbeit an Ihrem Trainerprofil – und steigert so die Qualität Ihrer Seminare.

Im Training

Handout Lerntagebuch

Hier sehen Sie einen Auszug aus einem Lerntagebucheintrag eines Teilnehmers zum Thema „Gesprächsstörer":

Lerntagebuch

Veranstaltung
Titel: Werteorientierte Kommunikation
Modul: Gesprächsstörer
Datum: 24. / 25. Juli 2011

Lernziele in diesem Modul
- Gesprächsstörer benennen: Was gibt es für Gesprächsstörer?
- Gesprächsstörer bei sich und bei anderen bewusst wahrnehmen.

Was wir gemacht haben ...
- Welche Inhalte wurden vermittelt?
- Wie wurden die Inhalte verarbeitet?
- Welche Ergebnisse wurden zusammengetragen?
- Welches Fazit / welche Maxime wurde benannt?

Meine Gedanken dazu:
- Was fand ich gut / interessant / bemerkenswert?
- Was war mir neu? Was habe ich gelernt?
- Was fand ich uninteressant / langweilig?
- Was kam mir zu kurz? Was ist noch offen?

Input:
Was sind Gesprächsstörer? Kurze Abhandlung über Gesprächsstörer in Verbindung mit Werten.

Hätte mir noch mehr Input gewünscht!

Bearbeitung und Ergebnis:
Nach dem Input (5 Min.) haben wir in einer Gruppe von vier Personen mögliche Gesprächsstörer gesammelt und anschließend im Plenum vorgetragen. Die häufigsten Gesprächsstörer waren

Präsi war langweilig! Viel zu viele Wiederholungen ...

- unterbrechen, nicht ausreden lassen
- abwerten, nicht ernst nehmen und ironisieren
- Ratschläge erteilen

Dies war mir neu: Ratschläge sind Gesprächsstörer. Na klar: Rat-Schläge. War mir vorher nicht bewusst!!

Fazit:
Viele Gesprächsstörer wende ich oft unbewusst an.

Gestaltung >> Lerntagebuch

Handout Lerntagebuch

© managerSeminare

Leitfragen für das Trainerlogbuch

Fragen zum Inhalt

- Wo war ich inhaltlich unsicher?
- Habe ich die Inhalte verständlich erklärt? Wie war meine Ausdrucksweise?
- Wo habe ich inhaltlich gehakt oder bin gestolpert?
- Welche Fragen konnte ich nicht beantworten?
- Konnte ich den Praxisbezug und die Nützlichkeit der Lerninhalte überzeugend darstellen?
- …

Fragen zum Methodeneinsatz

- Habe ich zu Beginn die Ziele der Lerneinheit klar erläutert?
- Habe ich die richtige Methode gewählt? Warum habe ich sie eingesetzt?
- An welchen Stellen war ich methodisch unsicher?
- Habe ich genügend Zeit zum Üben gegeben?
- …

Fragen zur eigenen Befindlichkeit

- Wer oder was hat mich verunsichert? Wie habe ich in der Situation reagiert?
- Was hat mich geärgert/erfreut/belustigt/beschämt?
- Habe ich der Situation entsprechend angemessene Rollenwechsel vorgenommen?
- Was gab mir Sicherheit?
- In welchen Situationen habe ich mich wohlgefühlt?
- …

Fragen zur Gruppe

- Wie war der Kontakt zu den Teilnehmern?
- Habe ich alle Teilnehmer beachtet/integriert?
- Hatte ich Antipathien gegen Teilnehmer? Warum?
- Bei welchem Teilnehmer habe ich mich unwohl/unsicher gefühlt? Warum?
- Habe ich Störungen wahrgenommen?
- Wie habe ich auf Störungen reagiert?
- …

Im Training

Handout Trainerlogbuch

Hier sehen Sie einen Auszug aus einem Lerntagebucheintrag des Trainers zum Thema „Gesprächsstörer":

Trainerlogbuch

Veranstaltung
Titel: Werteorientierte Kommunikation
Modul: Gesprächsstörer
Datum: 24. / 25. Juli 2011

- Beschreiben Sie die Vermittlung der **Inhalte**.
- Beschreiben Sie den Einsatz der **Methoden**.
- Beschreiben Sie das Verhalten von Teilnehmern in der **Gruppe**.
- Beschreiben Sie Ihre **eigene** Befindlichkeit.

Beschreibung	Meine Gedanken / Hypothesen / Gefühle / Ideen dazu ...
Input: Zuerst habe ich eine sehr kurze Abhandlung (ca. 5 Min.) über Gesprächsstörer in Verbindung mit Werten gegeben. Methode: Anschließend habe ich das Thema in Kleingruppenarbeit bearbeiten lassen. Die Gruppen sollten zunächst über Gesprächsstörer diskutieren und anschließend eine Liste aller Gesprächsstörer erstellen. Im Anschluss an die Gruppenarbeit hat jede Gruppe Ihr Ergebnis im Plenum präsentiert. Gruppe: Die Teilnehmer schienen am Anfang recht reserviert und unmotiviert, sich mit dem Thema auseinanderzusetzen. Später in der Kleingruppenarbeit habe ich alle als recht engagiert erlebt. Während der Präsentation war die Luft raus!	Ich war heute nicht ganz sattelfest im Thema. Vielleicht sollte ich nächstes Mal einen anderen Einstieg in das Thema wählen, der für die Teilnehmer spannender ist. Die Präsentation fand ich langatmig. Viele Wiederholungen. Ich habe auch gemerkt, dass einige Teilnehmer unruhig wurden. Überlegen, was ich nächstes Mal statt Präsentation machen könnte!

Gestaltung >> Trainerlogbuch

Handout Lerntagebuch

© managerSeminare

Hinter den Kulissen

Warum ein Trainer praktisch keine Pausen hat: Während die Gruppe arbeitet oder Pause macht, drehen Sie nicht Däumchen. Sie arbeiten weiter hinter den Kulissen.

Sie müssen umräumen, aufhängen, umhängen, ausräumen, ... In der Zeit, in der die Gruppe am Arbeiten ist, Pause macht oder wenn der erste Tag vorbei ist, da kommen Sie selbst erst auf Touren. Pausen gibt es für Sie so gut wie keine. Sie organisieren im Hintergrund, kümmern sich um technische Dinge und um vieles mehr.

Deshalb ist vor allem hinter den Kulissen Ihr gutes Zeit- und Organisationsmanagement gefragt. Sie setzen Prioritäten, fällen Entscheidungen und improvisieren, wenn nicht alles nach Plan läuft. Hinter der Bühne sind Sie der unsichtbare Gestalter.

Bühnengestaltung
Arbeiten Sie mit der Skizze, die Sie eingangs von der Raumgestaltung gemacht haben. Nummerieren Sie Ihre Charts auf der Rückseite und notieren Sie auf der Skizze, wo und in welcher Reihenfolge die Charts aufgehängt werden sollen. Nutzen Sie Ihr Storyboard für die Bühnengestaltung.

Fotodokumentation
Halten Sie die Arbeitsergebnisse fotografisch fest, während die Teilnehmer in Gruppenarbeit ein Thema bearbeiten oder während der Pausen. Sofern Sie von allen Teilnehmern das Einverständnis haben, können Sie in den Arbeitsphasen auch Teilnehmer während der Arbeit fotografieren. Ihre eigenen Charts brauchen Sie nicht bei jedem Training neu zu fotografieren.

Selbstmanagement
Sorgen Sie in dieser Zeit auch für sich und steigen Sie einmal für ein paar Minuten aus dem Trainingsgeschehen aus. Gehen Sie an die frische Luft und holen Sie tief Luft. Machen Sie eine kleine Meditation. Schalten Sie für einige Minuten ab.

AUSSTIEG

Der Ausstieg dient zur Reflexion des Erlernten und zur Einleitung eines Transfers der Lerninhalte in den beruflichen Alltag.

Das Training ist zu Ende – und nun? So wie die Einstiegsphase sollten Sie auch die Ausstiegsphase intensiv gestalten. In der letzten Trainingsphase sollten die Teilnehmer die Möglichkeit haben, den gesamten Trainingsprozess zu reflektieren und erste konkrete Handlungsschritte zum Transfer der Lerninhalte in den Berufsalltag zu formulieren.

Rückblick auf den Trainingsverlauf

Laden Sie Ihre Teilnehmer ein auf eine Reise in die Vergangenheit. Die Teilnehmer sollen die vergangenen Tage Revue passieren lassen:

- *Mit welchen Erwartungen bin ich gestartet?*
- *Was habe ich alles gelernt?*
- *Was hat mir an dem Seminar gefallen, was nicht?*

Blick in die Zukunft – Umsetzungsplan erstellen

Laden Sie Ihre Teilnehmer ein auf eine Reise in die Zukunft. Die Teilnehmer sollen nun Ziele setzen, wie Sie das Gelernte in den Alltag integrieren können:

- *Was nehme ich mit? Wer begleitet mich?*
- *Welche Ziele setze ich mir? Wie setze ich diese Ziele um?*
- *Welche Rahmenbedingungen muss ich schaffen, um meine Ziele erfolgreich umzusetzen?*

Feedback und Verabschiedung

Laden Sie Ihre Teilnehmer ein zu einem gemeinsamen Verweilen in der Gegenwart. Geben Sie die Gelegenheit für eine Vernetzung zwischen den Teilnehmern, beenden Sie das Training mit einem schönen Abschied.

- Vernetzung: Lernpartnerschaften, Adressen austauschen und Termine vereinbaren
- Feedbackbogen – das schriftliche Feedback
- Abschlussrunde – das mündliche Feedback

Lesen Sie mehr dazu auf den folgenden Seiten ...

Reflexion & Umsetzung

Laden Sie Ihre Teilnehmer ein auf eine Reise in die Vergangenheit und in die Zukunft. Die Teilnehmer nehmen zwei Perspektiven ein – den Blick zurück und den Blick nach vorn. Nutzen Sie dafür alle drei Sozialformen: das Plenum, Partnerarbeit und Einzelarbeit.

Rückblick auf den Trainingsverlauf

Die Teilnehmer reflektieren ihren eigenen Prozess im Training mit diesen Fragen: *Mit welchen Erwartungen bin ich gestartet? Welche Veränderungen gab es im Verlauf? Was habe ich gelernt? Wo stehe ich jetzt?* In Einzelarbeit erfolgt die Reflexion durch eine Eintragung in das Lerntagebuch. Der Reflexionsprozess kann auch im Dialog mit einem ausgewählten Lernpartner stattfinden. Im Plenum kann der Reflexionsprozess durch eine gemeinsame Betrachtung des Lernprozesses weitergeführt werden. Ihr visuelles Hilfsmittel: Sie können die Inhalte als Weg aufzeichnen, den Sie zusammen beschritten haben. Häufig kommt aus der Gruppe ein Erstaunen zum Ausdruck: *„Wie, das haben wir alles gemacht?"*

Blick in die Zukunft – Umsetzungsplan erstellen

Die Teilnehmer ändern nun Ihre Perspektive und planen den Transfer des Erlernten in ihren Alltag. Sie beschäftigen sich mit den Fragen: *Welche Ziele setze ich mir? Bis wann sind diese Ziele erreicht? Wie setze ich die Ziele um? Was brauche ich zur Umsetzung meiner Ziele?* Diese Perspektive kann zunächst mit einem Lernpartner besprochen werden. Anschließend werden die Überlegungen in einem Umsetzungsplan verbindlich festgehalten.

Ihr visuelles Hilfsmittel: Visualisieren Sie die Punkte, die für die Umsetzung relevant sind, auf einem Chart.

Zeitansatz für Reflexion und Umsetzungsplan:

20 – 30 Minuten

Ausstieg

EXKURS Reflexion mit einer Schatzkarte

Reflektieren Sie den Verlauf des Trainings mit Metaphern aus der Inselwelt.

Auf einer großen Schatzkarte tragen die Teilnehmer ein, was sie auf dem Weg durch das Seminar erlebt haben.

- See der versunkenen Hoffnung *(Welche Erwartungen wurden nicht erfüllt?)*
- Gebirge der Hochgefühle *(Was hat mir besonders gefallen?)*
- Steilküste der unsicheren Momente ...
- Schatzkiste mit wertvollen Erfahrungen ...

Handout Umsetzungsbogen

Auf diesem Umsetzungsbogen können die Teilnehmer am Ende des Seminars Ihre Umsetzungsziele verbindlich festhalten (als Kontrakt mit sich selbst).

Umsetzungsplan

Veranstaltung	Werteorientierte Kommunikation
Ort / Datum	24. / 25. Juli 2011
Umsetzung beginnt am	26. Juli 2011
Umsetzung erfolgt bis	27. November 2011

1. Nach dieser Maßnahme habe ich mir folgende konkreten Ziele gesetzt:

Mein Ziel lautet …	Ich setze diese Ziel um, indem ich …	Ich habe das Ziel erreicht bis …
Ich werde mich in schwierigen Situationen besser behaupten können.	- zuerst übe ich im Trockenen	16.08.2011
	- dann treffe ich mich mit meinem Lernpartner und übe in Rollenspielen	08.09.2011
	- dann übe ich in einfachen Alltagssituationen (z.B. beim Bäcker)	27.11.2011

2. Ich führe weiterhin mein Lerntagebuch

[X] Ja, regelmäßig   [ ] Ja, aber unregelmäßig   [ ] Nein, weil …

3. Für die Reflexion meines Transfers habe ich mir eine Lernpartnerschaft aufgebaut:

Name: Moni Muster   Telefon: 0221 – 123
                       Mail: m.muster@abc.de

Thema: Wertesystem   Termin: 16.08.2011
Thema: Selbstbehauptung   Termin: 08.09.2011
Thema: Termin:

4. Zur Umsetzung des Erlernten muss ich einmalig folgende Aktivitäten durchführen:
Bitte führen Sie die Aktivitäten sowie die dafür benötigte Zeit und Ressourcen auf.

- Ich muss mich hinsetzen und einmal das Skript durchlesen (ca. 2 Std.)
- Ich muss mir ein Ringbuch kaufen (ca. 15 Euro)

Handout Umsetzungsbogen

Ausstieg

Feedback & Verabschiedung

Abschließend gilt es, einen guten Abschied zu gestalten: ein gemeinsames Abschiedsritual durchführen, ein Gruppenfoto machen und sich schließlich voneinander verabschieden. Dieses ist die letzte Phase des Ausstiegmoduls und auch des Trainings mit dem Ziel: sich vernetzen, Feedback geben und sich voneinander verabschieden – einen runden Abschluss gestalten.

Geben Sie Gelegenheit zur Vernetzung
- Lernpartnerschaften oder Lerngruppen bilden
- E-Mails austauschen
- Follow-up-Termin vereinbaren

Lassen Sie sich ein Feedback geben
- Teilnehmer füllen den Feedbackbogen aus
- in der Abschlussrunde ein mündliches Feedback geben
- Teilnahmebescheinigung oder Zertifikate austeilen

Verabschieden Sie sich voneinander
- ein gemeinsames Abschiedsritual durchführen
- ein Gruppenfoto machen
- sich voneinander verabschieden

Zeitansatz
Feedback und
Verabschiedung:

20 – 30 Minuten

Handout Feedbackbogen

Auf der ersten Seite des Feedbackbogens können die Teilnehmer Bewertungen abgeben zu den gesteckten Lernzielen, den Inhalten, dem Trainer und der Seminaratmosphäre.

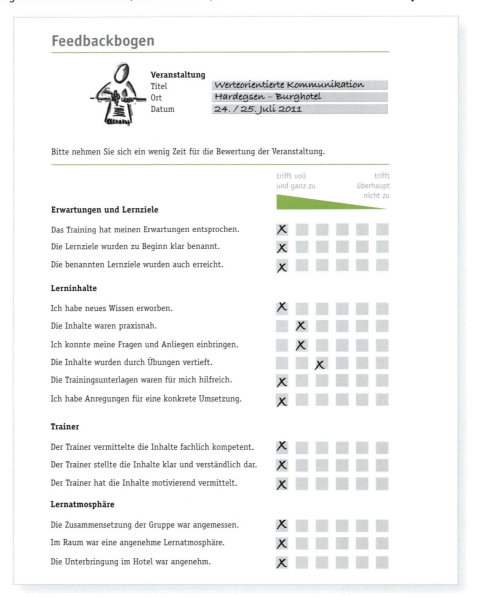

Handout
Feedbackbogen

Handout Feedbackbogen

Auf der zweiten Seite des Feedbackbogens hat der Teilnehmer die Möglichkeit, im Freitext noch einige Bewertungen zum Training abzugeben.

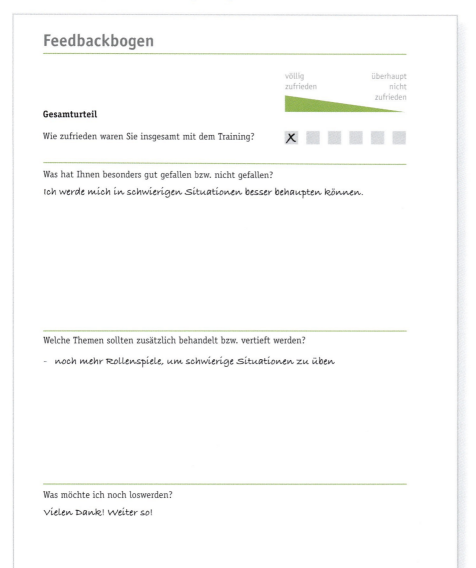

Handout
Feedbackbogen

NACH DEM TRAINING

Das Training ist vorbei? Doch für Sie noch nicht ganz ...

Das Training endet für Sie nicht mit der Verabschiedung der Teilnehmer. In den nächsten Stunden und Tagen warten auf Sie noch einige organisatorische Aufgaben:

Raum
Versetzen Sie den Raum in seinen ursprünglichen Zustand zurück. Kontrollieren Sie, ob Sie alle Arbeitsergebnisse, die während der Veranstaltung entstanden sind, abfotografiert haben, bevor diese im Altpapier landen. Sammeln Sie alle Materialien ein und rücken Sie gegebenenfalls auch die Tische wieder zurück an ihren Platz. Hier erweist es sich als hilfreich, wenn Sie vor Trainingsbeginn ein Foto von dem ursprünglichen Zustand des Raumes gemacht haben.

Themenspeicher und Fotoprotokoll
Bearbeiten Sie nach der Veranstaltung die Aufträge aus dem Themenspeicher. Gibt es Dokumente, die Sie nachreichen wollten, z.B. Literaturlisten, einen Fachartikel, ein Handout?

Bildbearbeitung
Seite 187

Entscheiden Sie, in welchem Umfang Sie ein Fotoprotokoll erstellen und wie es versendet werden soll: per E-Mail oder auf CD. Ich habe mir angewöhnt, die Fotos in einer Auflösung von 72 dpi per E-Mail zu versenden – und zwar in folgenden drei Kategorien:

Zeitraum
zum Versenden
der Dokumente und
des Fotoprotokolls:

Eine Woche nach
der Veranstaltung

- alle Charts und Poster aus dem Training
- Arbeitsergebnisse aus den Gruppenarbeiten
- Teilnehmer in Aktion (falls Sie von allen Teilnehmern vorher das Einverständnis bekommen haben, sie auch fotografieren zu dürfen)

Wenn es Ihr Terminkalender zulässt, dann versenden Sie alle Formulare und Dokumente zeitnah nach der Veranstaltung, dazu gehören:

- Rechnung, Feedbackbögen und ggf. Trainerbericht an den Auftraggeber
- Fotoprotokoll und Dokumente an die Teilnehmer

Nach dem Training

Lerntransfer sichern

Auch nach dem Training können Sie als Trainer den Lerntransfer Ihrer Teilnehmer sichern – in Form einer Transferbegleitung, durch Einsatz eines Transferfragebogens oder durch eine Follow-up-Veranstaltung:

Transferbegleitung
Eine Transferbegleitung kann durch Lernpartnerschaften oder Lerngruppen selbstorganisierend geschehen. Die Rolle des Trainers bei einer Transferbegleitung kann in Form von individuellen Transfergesprächen erfolgen oder im Zuge eines Einzel-Coachings, bei dem auf die Trainingsinhalte und deren Ziele individuell eingegangen und die Verhaltensmuster angepasst werden.

Transferfragebogen
Einige Wochen nach dem Seminar können Sie den Nutzen des Seminars anhand des Transferfragebogens eruieren. Der Transferfragebogen ermittelt neben dem Nutzen auch mögliche Transferbarrieren sowie Einschätzungen verschiedener relevanter Personengruppen zum Transfererfolg. Wie ein Transferfragebogen aufgebaut ist, sehen Sie auf der nächsten Seite.

Zeitpunkt zum Versenden des Transferfragebogens:

4 – 6 Wochen nach der Veranstaltung

Durch die Auswertung der Transferfragebögen kann ermittelt werden, welche Maßnahmen in einer Follow-up-Veranstaltung nachgesteuert werden sollten.

Follow-up-Veranstaltung
Das Treffen bietet die Möglichkeit, die bis dahin gemachten Erfahrungen auszutauschen, Erfolge zu verstärken und den persönlichen Entwicklungsprozess zu optimieren. Es sollten in einer Follow-up-Veranstaltung folgende Punkte bearbeitet werden:

- Zielerweiterung und Zielveränderung
- Erarbeitung zusätzlicher Ziele und zugehöriger Ressourcen
- Optimierung des Ressourceneinsatzes
- Theoretischer Klärungsbedarf

Zeitpunkt für Follow-up:

6 Monate nach der Veranstaltung

© managerSeminare

Handout Transferfragebogen

Auf der ersten Seite des Transferfragebogens beschreibt der Teilnehmer den Nutzen und die Umsetzung des Erlernten in die Praxis.

Transferfragebogen

Veranstaltung	Werteorientierte Kommunikation
Veranstaltungsdatum	24./25. Juli 2011
Veranstaltungsort	Hardegsen – Burghotel
Heutiges Datum	20. August 2011

1. Welche Inhalte oder Erfahrungen aus dem Seminar haben sich in der Anwendung am Arbeitsplatz als besonders wirkungsvoll erwiesen?

Am wirkungsvollsten für mich waren die Übungen, die wir zu den Gesprächsstörern gemacht haben.

2. Wie hoch schätzen Sie daraus insgesamt den Nutzen für Ihren Arbeitsalltag ein?

[X] sehr hoch   [ ] hoch   [ ] wenig Nutzen   [ ] kein Nutzen

3. Welche Aussagen treffen auf Sie zu?
Seit dem Seminar erledige ich meine Aufgaben am Arbeitsplatz …

[ ] schneller/effizienter   [ ] strukturierter/effektiver   [ ] mit mehr Hintergrundwissen

[X] ruhiger/gelassener   [X] sicherer/souveräner   [ ] für meine Kunden zufriedenstellender

[ ] unverändert

4. Woran machen Sie das fest?
Bitte beschreiben Sie kurz eine Situation / Aufgabe / Vorgehensweise:

In einem schwierigen Gespräch mit einem Kunden konnte ich das Gelernte anwenden.

Handout Transferfragebogen

Handout Transferfragebogen

Auf der zweiten Seite benennt der Teilnehmer Schwierigkeiten bei der Umsetzung in die Praxis sowie Inhalte, die er sich bei einem Follow-up zur Vertiefung wünscht.

Transferfragebogen

5. Wo lagen Ihrer Meinung nach Schwierigkeiten bei der Umsetzung in die Praxis?

☐ **Es gab für mich keine neuen Impulse zur konkreten Anwendung.**
Bitte begründen Sie Ihre Antwort, z.B. meine erwarteten Themen wurden nicht angesprochen, in der Gruppe wurden andere Themen präferiert, ich habe nichts Neues dazu gelernt, ...

☒ **Ich hatte noch keine Gelegenheit, die Inhalte umzusetzen, weil ...**
Bitte begründen Sie Ihre Antwort, z.B. keine Zeit, keine Kapazität, keine Ressourcen, Materialien fehlten, ...
Materialien sind bestellt und kommen in zwei Wochen

☐ **An meinen Kollegen und Kolleginnen vor Ort, weil ...**
Bitte begründen Sie Ihre Antwort, z.B. keine Unterstützung, Widerstände gegen neue Arbeitsmethoden, ...

☐ **An meiner Führungskraft, weil ...**
Bitte begründen Sie Ihre Antwort, z.B. keine Unterstützung, keine Belohnung und Anerkennung bei Verbesserung, keine negativen Auswirkungen, wenn alles so bleibt, wie es ist, ...

☐ **An mir selbst, weil ...**
Bitte begründen Sie Ihre Antwort, z.B. fehlende Motivation, kein Vertrauen in mein Handeln, schnell entmutigt, wenn sich der Erfolg nicht so schnell einstellt, zur Umsetzung fehlen mir noch weitere Kenntnisse und Fähigkeiten, es ist schwierig, alte Gewohnheiten abzulegen, ...

☐ **An ...**
Gibt es weitere Gründe, warum eine Umsetzung des Erlernten in die Praxis problematisch ist?

6. Welche Inhalte möchten Sie in einer Follow-up-Veranstaltung gern vertiefen?
- *noch mehr Rollenspiele*
- *Erfahrungsaustausch mit den anderen Teilnehmern*
- *noch mehr Input zu Werten*

Handout Transferfragebogen

SCHRITT IN DIE AUSWERTUNG

Das Training ist zu Ende und die Nacharbeiten erledigt! Als nächstes gilt es, das Seminar auszuwerten.

Mit welchen Ergebnissen gehen Sie in die Auswertungsphase?
Was ist geschafft? Sie haben Ihr Training nun durchgeführt: die Vorbereitung des Trainings, einen intensiven Einstieg in das Training und die Durchführung der Lernmodule anhand Ihrer Planungsunterlagen. Schlussendlich ein intensiver Abschluss und die Nachbereitung des Trainings.

 Von den **Teilnehmern** konnten Sie jede Menge Daten über das Seminar in Form von mündlichem und schriftlichem Feedback einholen, die Sie in der nächsten Phase auswerten können.

 Sie selbst haben den Trainingsverlauf, Ihre Beobachtungen, Gefühle, Wahrnehmungen und alles andere im **Trainerlogbuch** ausführlich dokumentiert. Auch diese Daten können Sie für Ihr nächstes Seminar auswerten.

Was Sie als Nächstes erwartet

Mit diesen Daten starten Sie nun in den letzten Abschnitt, in die Auswertungsphase. Dort stehen Ihnen verschiedene Auswertungstools zur Verfügung, mit denen Sie die Daten aus den Feedbackbögen und Ihren Logbucheinträgen zusammenfassen und damit das Gesamtergebnis Ihres Seminars visualisieren können.

IHRE NOTIZEN

Notieren Sie sich auf dieser Seite alle Informationen, die Ihnen in diesem Kapitel wichtig waren.

AUSWERTUNG

Auswertung im Überblick	268
Datenmaterial sichten & verdichten	270
Selbstreflexion	272
Konzeptanpassung Bausteine der Konzeptanpassung	274
Der Kreis schließt sich	278

AUSWERTUNG IM ÜBERBLICK

Der Kreis schließt sich! Erfahren Sie hier, wie Sie das Datenmaterial aus dem Seminar auswerten und damit neu in den Handlungskreislauf eintreten.

Im Training konnten Sie umfangreiches Datenmaterial sammeln. Nun gilt es, diese Daten auszuwerten und Zielanpassungen zu formulieren, damit Sie im nächsten Durchlauf durch den Trainingszyklus Ihr Konzept verbessern und Ihr Trainerprofil weiterentwickeln können.

Welche Daten stehen Ihnen zur Verfügung?

Teilnehmer

mündlich
- Erwartungsabfrage zu Beginn
- Fragen und Äußerungen der Teilnehmer
- Stimmungsbarometer und Blitzlicht
- Feedbackrunde
- Transfergespräch

schriftlich
- Erwartungsfragebogen
- Feedbackbogen
- Transferfragebogen

Trainer

gedanklich
- Wahrnehmungen
- Beobachtungen
- Gefühle
- Eigene Fragestellungen und Ideen
- Hypothesen

schriftlich
- Trainerlogbuch

Wie werten Sie die Daten aus?

1. **Datenmaterial sichten & verdichten**
2. **Selbstreflexion**
3. **Konzeptanpassung**

Welche Anpassungen nehmen Sie vor?

Zielsetzung
- Trainingsrahmen anpassen
- Trainerziele anpassen
- Trainingsziele anpassen

Planung
- Trainingsinhalte anpassen
- Trainingsmethoden anpassen
- Trainingsablauf anpassen

Durchführung
- Unterlagen anpassen
- Charts anpassen
- Training anpassen

Auswertung im Überblick

Die zentrale Frage in diesem Abschnitt wird sein: *Wie werte ich Daten aus dem Seminar aus und wie verwerte ich sie für nachfolgende Veranstaltungen?* Der Blickwinkel erfolgt dabei zum einen in Richtung Konzept und dessen Anpassung und zum anderen in Richtung Trainerprofil und dessen Entwicklung. Hier nun die Reiseroute durch dieses Kapitel:

1. Datenmaterial sichten & verdichten

Trainingsdaten sind alle Daten, die Sie als Trainer während des Trainings über den Ablauf, die Dynamik sowie Verhalten, Äußerungen und Bewertungen der Teilnehmer erfasst haben.

All diese Daten gilt es zu sichten, zu verdichten und auszuwerten.

2. Selbstreflexion

Sie reflektieren Ihr Verhalten, Ihre Gedanken, Ihre Gefühle, die Sie im Training wahrgenommen und in Ihrem Trainerlogbuch erfasst haben.

Mit diesen Informationen können Sie Ihr Trainerprofil aktuell überprüfen und sich neue Ziele setzen, um Ihre Kompetenzen zu verbessern.

3. Konzeptanpassung

Hier ziehen Sie ein Resümee: *Wie bin ich gestartet und wo bin ich gelandet? Welche Erkenntnisse und Erfahrungen habe ich gemacht? Welche Anpassungen nehme ich am Konzept vor? Welche neuen Ziele setze ich zur Verbesserung des Konzepts und Weiterentwicklung des eigenen Profils?*

Ziel ist, aus dem vorhandenen Datenmaterial Rückschlüsse über den Erfolg des Trainings zu ziehen und Zielanpassungen vorzunehmen, um das Konzept zu verbessern und das Trainerprofil weiterzuentwickeln.

DATENMATERIAL SICHTEN & VERDICHTEN

Mündliche und schriftliche Aussagen der Teilnehmer auswerten.

Eine Fülle von Informationen haben Sie von Ihren Teilnehmern in schriftlicher und mündlicher Form erhalten:

Vor dem Training
- Erwartungsfragebogen bei Anmeldung

Zu Beginn des Trainings
- Mündliche Erwartungsabfrage beim Kennenlernen

Während des Trainings
- Fragen und Anmerkungen der Teilnehmer
- Nonverbales Verhalten der Teilnehmer
- Diskussionsbeiträge, Maxime und Fazit im Plenum, Pausengespräche
- Blitzlicht, Stimmungsbarometer

Am Ende des Trainings
- Aussagen in der Feedbackrunde
- Bewertungen und Freitext im Feedbackbogen

Nach dem Training
- Transferfragebogen
- Transfergespräche/Coaching-Sitzungen

Beantworten Sie sich beim Durcharbeiten des Datenmaterials folgende Fragen: *Was fanden die Teilnehmer gut/nicht gut? Was haben die Teilnehmer gelernt? Wo haben die Teilnehmer Fragen gestellt? Was haben sie nicht verstanden? Wo waren die Teilnehmer überfordert/unterfordert/unaufmerksam? Welche interessanten Anregungen und Informationen gab es von den Teilnehmern?*

Ihre Instrumente für die Datenerhebung und -verarbeitung sind die ausgeteilten Fragebögen, Ihr Trainerlogbuch und die Auswertung der Feedbacks. Vergleichen Sie dieses Ergebnis mit Ihren eigenen Einschätzungen und ziehen Sie am Ende ein Resümee über den Erfolg Ihres Seminars.

Handout Auswertung Feedbackbogen

Verdichten Sie die Bewertungen und die Aussagen Ihrer Teilnehmer aus den Feedbackbögen und vergleichen Sie das Resultat mit Ihren eigenen Einschätzungen.

Handout
Auswertung
Feedbackbogen

SELBSTREFLEXION

Was kann ich als Trainer tun, um meine Selbstreflexion zu fördern und diese sinnvoll für den Seminarerfolg einzusetzen?

Während des Trainings haben Sie Ihr Trainerverhalten in Ihrem Trainerlogbuch dokumentiert. Diese Daten stehen Ihnen nun zur Verfügung, um im nächsten Durchlauf durch den Trainingszyklus eine aktualisierte Standortbestimmung, Selbsteinschätzung und Zielsetzung vorzunehmen.

Eintragungen im Trainerlogbuch

Sie reflektieren Ihr Verhalten, Ihre Gedanken, Ihre Gefühle, die Sie im Training wahrgenommen und in Ihrem Trainerlogbuch erfasst haben. In Ihrem Trainerlogbuch befindet sich umfassendes Datenmaterial in Form von

- Beschreibungen über die Vermittlung der **Inhalte**,
- Beschreibungen über den Einsatz der **Methoden**,
- Beschreibungen über Verhalten von Teilnehmern in der **Gruppe**,
- Beschreibungen über Ihre **eigenen** Befindlichkeiten.

Selbsteinschätzung
Seite 26 – 29

Einschätzungen Ihrer Trainerkompetenzen

Aus den Eintragungen können Sie nun Rückschlüsse über eine aktuelle Einschätzung Ihrer Trainerkompetenzen ziehen. Ihr Instrument dafür ist die Trainerprofilanalyse. Die Leitfragen zur Einschätzung der Trainerkompetenzen sind: *Welche Fähigkeiten und Fertigkeiten erfordert meine Trainerrolle? Wo liegen meine Stärken? Welche Fähigkeiten habe ich bislang noch nicht stark genug entwickelt? Was möchte ich als Trainer in der nächsten Veranstaltung dazulernen?*

Profilentwicklung
Seiten 30 und 39

Trainerziele anpassen

Vergleichen Sie: Welche Ziele habe ich mir zu Beginn der Veranstaltung gesetzt, um meine Trainerkompetenzen zu verbessern? Konnte ich diese Ziele erreichen? Welche Abweichungen liegen vor? Auf Basis Ihrer Logbucheintragungen und Ihrer aktuellen Selbsteinschätzung können Sie Ihre Ziele zur Entwicklung Ihres Trainerprofils nun anpassen und ergänzen.

Handout Selbstreflexion

Verdichten Sie Ihre Eintragungen aus dem Trainerlogbuch und ziehen Sie daraus Rückschlüsse über eine aktuelle Einschätzung Ihrer Trainerkompetenzen.

Selbstreflexion

Veranstaltung
Titel: Werteorientierte Kommunikation
Modul: Hardegsen – Burghotel
Datum: 24. / 25. Juli 2011

- Meine Vermittlung der **Inhalte**
- Mein Einsatz der **Methoden**
- Mein Verhalten zu Teilnehmern in der **Gruppe**
- Mein **eigene** Befindlichkeit

Mein Vorgehen	Zielanpassung
Fachkompetenz - inhaltlich war ich unsicher im Themenbereich „Gesprächsstörer". Einige Fragen der Teilnehmer konnte ich nicht beantworten (siehe Trainerlogbuch Modul „Gesprächsstörer") Methodenkompetenz - methodisch unsicher war ich beim Anleiten der Übung xyz.	Thema „Gesprächsstörer" inhaltlich vertiefen.

Handout >> Selbstreflexion

Handout Selbstreflexion

KONZEPTANPASSUNG

Resultate aus Feedbackanalyse und Selbstreflexion mit den gesetzten Zielen vergleichen – Abweichungen registrieren und Anpassungen vornehmen.

Vergleichen Sie, mit welchen Zielen und Inhalten Sie in das Training gegangen sind und mit welchen Ergebnissen Sie aus den Auswertungen gehen. So haben Sie die Möglichkeit, konkrete Anpassungen bei der nächsten Zielsetzung vorzunehmen – sowohl für die Entwicklung des Trainerprofils als auch für den Ablauf der Trainings.

Um Abweichungen zwischen Ihrer Veranstaltung und Ihrem Konzept zu erfassen, orientieren Sie sich bei der abschließenden Bewertung Ihres Trainings an diesen Fragen:

- Welche Abweichungen gab es zwischen den gesetzten und erreichten **Zielen**?
- Welche Abweichungen gab es im Vermitteln von **Lerninhalten**?
- Welche Abweichungen gab es im Einsatz der **Methoden**?
- Welche Abweichungen gab es zwischen **Ablauf** und den geplanten Zeiten im Regiebuch?

Erfassen können Sie diese Abweichungen vom Konzept in einem IST-SOLL-Analysebogen, wie Sie ihn auf der nächsten Seite sehen. Hierbei stellen Sie sich sechs einfache Fragen:

- **Was war gut?** Was kann so bleiben, wie es ist?
- **Was war nicht so gut?** Was muss sich ändern?
- **Was war zuviel?** Was muss weniger?
- **Was war zu wenig?** Was muss mehr?
- **Was muss neu?** Was fehlt?
- **Was muss weg?** Was ist überflüssig?

Konzeptabstimmung
Seite 232

Bedenken Sie an dieser Stelle, dass Sie unmittelbar vor Trainingsbeginn möglicherweise bereits Konzeptabstimmungen vorgenommen haben, die nur einmalig für diese eine Veranstaltung gedacht waren. Was also in dieser Veranstaltung unpassend war, muss nicht unbedingt grundsätzlich im Konzept geändert werden!

Konzeptanpassung

Handout IST-SOLL-Vergleich

Die abschließende Bewertung Ihrer Veranstaltung im IST-SOLL-Vergleich. Ziehen Sie mithilfe der sechs Fragen ein Resümee über den Erfolg Ihres Seminars.

IST-SOLL-Vergleich

Veranstaltung
Titel: Werteorientierte Kommunikation
Ort: Hardegsen – Burghotel
Datum: 24. / 25. Juli 2011

Was war gut? Was kann so bleiben, wie es ist?

Das Konzept ist super :-)

Was war nicht gut? Was muss anders gemacht werden?

Der Raum war für die Veranstaltung unpassend: zu klein, unverstellbare und verkabelte Tische, schlechte Ausstattung, unstabile Pinnwände, ...

Was war zuwenig? Was muss mehr?

- Zu wenig Input zum Thema xyz.
- Mehr Zeit für Thema XYZ einplanen.
- Mehr Hintergrundwissen zum Thema XYZ aneignen.

Was war zuviel? Was muss weniger?

Zuviel Input beim Thema ABC, hier reicht das Basiswissen aus. Alles andere irritiert und überfordert die Teilnehmer.

Was fehlt? Was muss neu?

Zum Thema XYZ neue Methoden finden.

Was muss weg?

Das Thema ABC eventuell ganz aus dem Konzept nehmen.

Auswertung >> IST-SOLL-Vergleich

Handout
IST-SOLL-Vergleich

© managerSeminare

Bausteine der Konzeptanpassung

Anpassungen am Konzept ziehen eine Reihe von Aufgaben nach sich. Sehen Sie hier die einzelnen Bausteine, in denen Sie Änderungen vornehmen können, bevor Sie in den nächsten Trainingszyklus einsteigen.

Seminarrahmen anpassen
Welche grundlegenden Rahmenbedingungen müssen geändert werden? Zielgruppe, Zeitvorgaben, Voraussetzung für Raum, Materialbedarf anpassen.

Ziele anpassen
Welche Ziele müssen neu gesetzt, angepasst oder spezifiziert werden? Richtziele für das Training, Ziele zur Profilentwicklung, Lernziele für die Teilnehmer.

Inhalte anpassen
Welche Lernmodule müssen überarbeitet werden? Welche Inhalte müssen vertieft werden? Neue Literatur hinzuziehen, neue Exzerpte erstellen, Modulkarten und ggf. Seminarbeschreibung anpassen.

Methoden anpassen
Welche Techniken und Methoden fehlen noch in meinem Methodenkoffer? Neue Methoden ausprobieren, Methodenkoffer erweitern.

Seminarablauf anpassen
Welche Änderungen müssen an der Agenda vorgenommen werden? Agenda, Regiebogen, Storyboards anpassen und ggf. neu zeichnen.

Unterlagen anpassen
Welche Unterlagen müssen angepasst werden? Handouts, Skripte, Arbeitsanweisungen, …

Charts anpassen
Welche Charts müssen angepasst bzw. neu gezeichnet werden? Charts für Zielsetzung, Agenda, Aufgabenstellungen, …

Handout Konzeptanpassung

Dokumentieren Sie die Anpassungen am Konzept schriftlich. Mit diesen neuen Zielsetzungen können Sie nun in den nächsten Trainingszyklus einsteigen:

Konzeptanpassung

Veranstaltung
Titel: Werteorientierte Kommunikation
Ort: Hardegsen
Datum: 24. / 25. Juli 2011

Was war gut? Was kann so bleiben, wie es ist?
Was war nicht gut? Was muss anders gemacht werden?
Was war zuwenig? Was muss mehr?
Was war zuviel? Was muss weniger?
Was fehlt? Was muss neu?
Was muss weg?

Beschreibung	Zielanpassung
- Das Thema xyz ist in diesem Konzept eindeutig zu kurz gekommen. Die Teilnehmer hätten sich da mehr Input gewünscht und wären gern tiefer eingestiegen.	- Mehr Hintergrundwissen zum Thema xyz aneignen. - Mehr Zeit für das Thema xyz einplanen. - Teilnehmerskript um Thema xyz anpassen.

Auswertung >> Konzeptanpassung

Handout
Konzeptanpassung

DER KREIS SCHLIESST SICH

Der Kreis schließt sich und mit dem Eintritt in den neuen Trainingszyklus sind Sie auf einer höheren Entwicklungsstufe angelangt.

Mit welchen Ergebnissen beenden Sie diesen Trainingszyklus?
Was ist geschafft? Sie haben Ihr umfangreiches Datenmaterial aus dem Seminar verarbeitet, verdichtet und ausgewertet. Sie haben die Ergebnisse Ihrer Auswertung kritisch mit Ihren anfänglichen Zielen verglichen, Abweichungen erfasst und daraus Zielanpassungen generiert.

 Das **Datenmaterial** in Form von Feedbackbögen und Aufzeichnungen aus Ihrem Trainerlogbuch haben Sie verarbeitet, verdichtet und ausgewertet. Sie können auf Basis dieser Daten Rückschlüsse über den Erfolg Ihres Seminars ziehen.

 Auf Basis Ihrer Logbucheintragungen haben Sie Ihr Verhalten als Trainer reflektiert. Mit Ihrer aktuellen **Selbsteinschätzung** können Sie Ihre Ziele zur Entwicklung Ihres Trainerprofils nun anpassen und ergänzen.

 In der **Trainingsanpassung** haben Sie aufgelistet, was in diesem Training abgewichen ist von Ihrem Konzept und Sie haben sich entschieden, welche Anpassungen am Konzept vorgenommen werden sollen.

Eine neue Entwicklungsstufe erreichen
Dieser Trainingszyklus ist nun beendet! Mit Ihren neu gewonnenen Erfahrungen, Erkenntnissen und Zielen treten Sie nun in einen neuen Trainingszyklus ein. Auf diese Weise verbessern Sie kontinuierlich Ihr Trainingskonzept und entwickeln sich in Ihrem Trainerprofil beständig weiter.

IHRE NOTIZEN

Notieren Sie sich auf dieser Seite alle Informationen, die Ihnen in diesem Kapitel wichtig waren.

LITERATURVERZEICHNIS

I. Trainings planen

Bloom, B. S. (1976). *Taxonomie von Lernzielen im kognitiven Bereich* (5. Aufl.). Beltz: Weinheim. ISBN 3-407-18296-1.
Buchacher, W., Wimmer, J. (2006). *Das Seminar.* Linde: Wien. ISBN 3-7093-0099-1.
Czichos, R. (1999). Entertrainment für Knowbodies. Ernst Reinhardt: München. ISBN 3-497-01482-6.
Döring, K. W., Ritter-Mamczek, B. (2001). *Lehren und trainieren in der Weiterbildung.* (8. Aufl.). PsychologieVerlagsUnion: Weinheim. ISBN 3-89271-744-3.
Dürrschmidt, P. u.a. (2005). *Methodensammlung für Trainerinnen und Trainer* (6. Aufl.). managerSeminare: Bonn. ISBN 3-936075-29-8.
Geißler, K. A., Hege, M. (2007). *Konzepte sozialpädagogischen Handelns* (11. Aufl.). Juventa: Weinheim. ISBN 3-7799-1076-3.
Geißler, K. A. (2005). *Anfangssituationen steuern* (10. Aufl.). Beltz: Weinheim. ISBN 3-407-36427-2.
Geißler, K. A. (1995). *Lernprozesse steuern.* Beltz: Weinheim. ISBN 3-407-36320-6.
Geißler, K. A. (1992). *Schlusssituationen.* Beltz: Weinheim. ISBN 3-407-36304-4.
Gust, M., Weiß, R. (2005). *Bildungscontrolling.* USP. ISBN 3-937461-09-4.
Haberzettl, M., Birkhahn, T. (2004). *Moderation und Training.* Deutscher Taschenbuch Verlag: München. ISBN 3-423-50866-3.
Kellner, H. J. (2006). *Value of Investment.* Gabal: Offenbach. ISBN 3-89749-634-8.
Kießling-Sonntag, J. (2003). *Trainings- und Seminarpraxis.* Cornelsen: Berlin. ISBN 3-464-48961-2.
Langer, I., Schulz v. Thun, F., Tausch, R. (1999). *Sich verständlich ausdrücken* (6. Aufl.). Ernst Reinhardt: München. ISBN 3-497-01492-3.
Mager, R. F. (1965). *Lernziele und Unterricht.* Beltz: Weinheim. ISBN 3-407-18113-2.
Meier-Gantenbein, K. F., Späth, T. (2006). *Bildung, Training und Beratung.* Beltz: Weinheim. ISBN 3-407-36441-5.
Neuland, M. (2001). *Neuland Moderation* (4. Aufl.). Neuland: Künzell. ISBN 3-931403-24-6.
Perel, F., van de Loo, K., Schmitz, B. (2008). *Trainer trainieren – Seminare effektiv gestalten* (3. Aufl.). Kohlhammer: Stuttgart. ISBN 3-17-019893-7.
Pyerin, B. (2003). *Kreatives wissenschaftliches Schreiben* (3. Aufl.). Juventa: Weinheim. ISBN 3-464-48961-2.

II. Trainings gestalten

Ballstaedt, S.-P. (1997). *Wissensvermittlung – die Gestaltung von Lernmaterial*. Deutscher Studien Verlag: Weinheim. ISBN 3-621-27381-6.
Buzan, T., North, V. (1999). *Business Mind Map*. redline Wirtschaft bei Ueberreuter: Frankfurt. ISBN 3-8323-0577-7.
Buzan, T., Buzan, B. (1999). *Das Mind-Map-Buch* (4. Aufl.). mvg: Landsberg am Lech. ISBN 3-478-71730-2.
Cristiano, G. (2007). *Storyboard Design*. Stiebner: München. ISBN 3-8307-1343-2.
Dabner, D., Swann, A. (2005). *Design und Layout*. Stiebner: München. ISBN 3-8307-1303-7.
Flume, P. (2008). *Mitreißend präsentieren mit PowerPoint* (2. Aufl.). Publicis: Erlangen. ISBN 3-89578-321-0.
Frank, H.-J. (2004). *Ideen zeichnen*. Beltz: Weinheim. ISBN 3-407-36421-0.
Hammer, N. (2008). *Mediendesign für Studium und Beruf*. Springer: Berlin. ISBN 3-540-73217-4.
Haußmann, M. (2007). *Bikablo* (2. Aufl.). Neuland: Eichenzell. ISBN 3-940315-00-7.
Haußmann, M. (2009). *Bikablo 2.0*. Neuland: Eichenzell. ISBN 3-577-07563-3.
Heller, E. (2006). *Wie Farben wirken* (3. Aufl.). RoRoRo: Reinbek. ISBN 3-499-61960-1.
Hertlein, M. (2008). *Präsentieren – vom Text zum Bild* (2. Aufl.). Rowohlt: Reinbek bei Hamburg. ISBN 3-499-61571-9.
Herzog, D. (2007). *Erfolgsrezepte für 50 Business-Maps*. Hanser: München. ISBN 3-446-40740-5.
Krisztian, G., Schlempp-Ülker, N. (2004). *Ideen visualisieren – Scribble, Layout, Storyboard*. (4. Aufl.). Herrmann Schmidt: Mainz. ISBN 3-87439-662-2.
Maxbauer, A. und R. (2003). *Gestaltungsraster* (2. Aufl.). Hermann Schmidt: Mainz. ISBN 3-87439-571-5.
Meyer, E., Widmann, S. (2009). *FlipART* (2. Aufl.). Publicis: Erlangen. ISBN 3-89578-337-1
Rachow, A. (2006). *Sichtbar* (3. Aufl.). managerSeminare: Bonn. ISBN 3-936075-13-1.
Radtke, S. P., Pisani, P., Wolters, W. (2006). *Visuelle Mediengestaltung* (3. Aufl.). Cornelsen: Berlin. ISBN 3-589-23655-8.
Reynolds, G. (2008). *Zen oder die Kunst der Präsentation*. Addison-Wesley: München. ISBN 3-8273-2708-6.
Seifert, J. W. (2005). *Visualisieren – Präsentieren – Moderieren* (22. Aufl.). Gabal: Offenbach. ISBN 3-930799-00-6.
Sonnenmann, M. R. (1997). *Beyond Words*. Berkley: California ISBN 0-89815-911-3.
Stadlbauer, A. (2008). *Flipcharts for Business*. Trauner: Linz. ISBN 3-85499-402-2.
Weidenmann, B. (2003). *100 Tipps & Tricks für Pinnwand und Flipchart* (4. Aufl.). Beltz: Weinheim. ISBN 3-407-36412-1.

HANDOUTVERZEICHNIS

 Zielsetzung

Handout Seminarrahmen 23
Handout Profilentwicklung – Überblick 30
Handout Lernziele – Überblick 37
Handout Lernziele – Feinziele 40
Handout Profilentwicklung – Feinziele 41

Planung

Handout Datenmaterial 57
Handout Exzerpt 59
Handout Modulkarte 67
Handout Agenda 69
Handout Seminarbeschreibung 73
Handout Methodenkoffer – Überblick 89
Handout Methodenkoffer – Seminareinstieg 94
Handout Methodenkoffer – Seminarausstieg 95
Handout Regiebogen – Seminareinstieg 98
Handout Regiebogen – Seminarausstieg 99
Handout Storyboard PowerPoint-Präsentation 120
Handout Storyboard Trainingsplanung 123

Handoutverzeichnis

Gestaltung

Handout Seminarorganisation – Anmeldung	228
Handout Seminarorganisation – Unterlagen	229
Handout Seminarorganisation – Materialbedarf	230
Handout Seminarorganisation – Raumausstattung	231
Handout Erwartungsfragebogen	234
Handout Aufgabenstellung	247
Handout Lerntagebuch	249
Handout Trainerlogbuch	251
Handout Umsetzungsplan	256
Handout Feedbackbogen	258
Handout Transferfragebogen	262

Auswertung

Handout Auswertung Feedbackbogen	271
Handout Selbstreflexion	273
Handout IST-SOLL-Vergleich	275
Handout Konzeptanpassung	277

STICHWORTVERZEICHNIS

A
AIDA-Prinzip ... 210
Aufgabenstellung ... 247
Auswertung ... 268
Absatzformatierung ... 183
Agenda ... 68, 240
Analog-Kontrast ... 192
Aufzählungen ... 184
Ausstieg ... 65, 95, 99, 253

B
Begrüßung ... 239
Bildbearbeitung ... 187
Bilder ... 110, 135, 208
Bildelemente ... 110, 186
Bildgröße ... 187
Bildqualität ... 187
Bildsprache ... 130
Bildvokabelheft ... 138
Blocksatz ... 183
Brainstorming ... 49

C
Charts ... 115
    Chart-Entwicklung ... 115, 165
    Chart-Entwurf ... 115
    Chart-Storyboards ... 122
Clustern ... 49
Corporate Design Manual ... 214

D
Datenablage ... 60
Datenmaterial ... 48
Datenmaterial recherchieren ... 56
Datenmaterial bearbeiten ... 58
Datenmaterial sichten & verdichten ... 270
Didaktische Reduktion ... 80
Dokumente ... 113
    Layout-Entwurf ... 113
    Layout-Entwicklung ... 194
Dramaturgie ... 210
Dynamik ... 153

E
Einstieg ... 65, 94, 98, 238
Einzelarbeit ... 90
Erwartungen ... 20, 232
    Erwartungen im Seminarrahmen ... 20
    Erwartungsfragebogen ... 234
    Erwartungsabfrage ... 240
Exzerpt ... 58

F
Fachkompetenz ... 26
Farben ... 156, 204
    analoge Farben ... 156
    monochrome Farben ... 156, 191
    komplementäre Farben ... 156
    Primärfarben ... 156
    Sekundärfarben ... 156
Farb-Grau-Kontrast ... 192
Farbharmonie ... 192
    Analog-Kontrast ... 192
    Farb-Grau-Kontrast ... 192
    Komplementär-Kontrast ... 192
    Monochrom-Kontrast ... 192

Farbmanagement	189
Farbton	190
Farbwerte	191
Farbwirkung	157
Feedback	257
Feedbackbogen	258
Auswertung des Feedbackbogens	271
Feinziel	38
Figuren	137
Flattersatz	183
Folien	114
Folien-Entwicklung	114, 196
Folien-Storyboards	119
Follow-up	261
Fotoarchiv	186
Fotoprotokoll	260

G

Grafiken	188, 209
Grob-Layout	193
Grobziel	38
Grundformen	132
Gruppenarbeit	90, 246

H

Headline	110, 131
Hell-Dunkel-Kontrast	192
Hyperlink	63

I

Ideen- und Entwurfsphase	109
Illustrationen	188, 209
IST-SOLL-Vergleich	275

K

Kennenlernen	240
Kleingruppenarbeit	90
Kompetenz	31
Fachkompetenz	26
Methodenkompetenz	27
Selbstkompetenz	29
Sozialkompetenz	28
Komplementär-Kontrast	192
Konkretisierungsgrad	38
Konzept	18
Konzepterstellung	18
Konzeptabstimmung	232
Konzeptanpassung	274

L

Layout	109
Layout-Elemente	110, 176
Layout-Entwicklung	112, 193
Layout-Formate	112
Lernen	82
erfahrungsorientiertes Lernen	84
Lernen mit allen Sinnen	83
Lernmodul	64
Lerntagebuch	248
Lerntransfer	224, 261
Lerntyp	31
visueller Lerntyp	35
auditiver Lerntyp	34
kinästhetischer Lerntyp	36
Lernstil	85
Accomolator	86
Assimilator	86

Converger	86
Diverger	85
Lerntransfer	**259**
Lernvolumen	**65**
Lernzielarten	**31**
affektives Lernziel	35
kognitives Lernziel	34
psychomotorisches Lernziel	36
Lernziele	**31**
Lernzielformulierung	**39**
L-Modus	**52**

M

Marker	**148, 162**
Markierungssystem	**58**
Medienwahl	**91**
Mediengestaltung	**172**
Methodenmix	**92**
Methodenbeschreibung	**93**
Methodenkoffer	**82**
Methodenkompetenz	**27**
Mind-Map-Methode	**50**
Mind-Map-Explorer	**61**
Modulbeschreibung	**66**
Modulkarte	**67**
Monochrom-Kontrast	**192**

P

Plakat	**115**
Plakat-Entwicklung	115, 166
Plenum	**90**
PowerPoint-Präsentation	**198**
Präsentationsfolien	**114**

Folien-Entwicklung	114, 196
Folien-Storyboards	119
Primärfarben	**156**
Profilentwicklung	**25**

R

Raumgestaltung	**236**
Reflexion	**248, 254**
Regel 1-7-7	**210**
Regiebogen	**97**
Regiebuch	**96**
Rein-Layout	**193**
RGB-Farbmodell	**190**
Richtziel	**38**
R-Modus	**52**

S

Sandwich-Methode	**92**
Satzspiegel	**175, 194**
Scribble	**107**
Schattierung	**154**
Schatzkarte	**95, 255**
Schriftbild	**148**
Schrift	**178**
Schriftart	179
Schriftgrad	181
Schrifthöhe	179
Schriftschnitt	181
Schwierigkeitsgrad	**33**
Sekundärfarben	**156**
Selbsteinschätzung	**25**
Selbstkompetenz	**29**
Selbstreflexion	**274**

Stichwortverzeichnis

Seminarausstieg	65, 95, 99, 253
Seminarbeschreibung	70
Seminareinstieg	65, 94, 98, 238
Seminarorganisation	227
Seminarrahmen	20
Serifenschrift	179
Skizze	107, 158, 194
Sozialform	90
Sozialkompetenz	28
Speedlines	153
Sperren	182
Spielregeln	243
Sternenmännchen	137
Storyboards	118
Folien-Storyboards	119
Chart-Storyboards	122
Strichführung	152
Symbole	135

T

Textboxen	133
Textelemente	110, 131, 178
Themenspeicher	241
Trainerlogbuch	250
Trainerprofil	24
Selbsteinschätzung	25
Kompetenzen	26
Ziele	30, 41
Selbstreflexion	272
Trainingsgestaltung	224
Transferbegleitung	261
Transferfragebogen	262
Trilogie des Planens	44

Typografie	150, 179

U

Umsetzung	254
Umsetzungsbogen	256

V

Verabschiedung	257
Verständlichkeitskriterien	81
Vier Verständlichmacher	81
Visuelle Planung	106
Visuelles Regiebuch	122

W

Weißraum	110
Wissensvermittlung	245
Wölkchen-Methode	94
Wortverkettung	39

X

x-Länge	179

Z

Zeilenabstand	182
Ziele	31, 242
affektive Ziele	35
kognitive Ziele	34
psychomotorische Ziele	36
Zielformulierung	38
spezifisch	39
unspezifisch	39
Zielgruppe	20

DIE TOOLBOX ZUM BUCH

Petra Nitschke
CD-ROM: Trainings planen und gestalten
Effiziente und zielorientierte Planung. Kreative und ästhetische Gestaltung. Professionelle Umsetzung und Evaluation.
ISBN 978-3-941965-03-4
248,00 EUR

Mit diesem CD-Konzept haben Sie alle Werkzeuge zur Hand, um systematisch professionelle Trainingskonzepte zu entwickeln. Alle Checklisten, Planungs- und Umsetzungshilfen stehen Ihnen sowohl als hochwertig gestaltete Kopiervorlagen als auch als offene Dateien zur Verfügung, die Sie direkt für Ihre Arbeit einsetzen können. Überzeugen Sie mit gut strukturierten Teilnehmer-Handouts und visuell anspruchsvollen Präsentationsvorlagen. Lassen Sie sich inspirieren von einer umfangreichen Sammlung kreativ gestalteter Flipcharts. In einem didaktisch und methodisch fundierten Trainermanual werden Sie Schritt für Schritt von der Zielsetzung bis zur erfolgreichen Umsetzung Ihrer Trainings und Workshops begleitet.

Mit dem Konzept erwerben Sie zugleich die Nutzungslizenz, um alle Materialien im Rahmen Ihrer Trainingstätigkeit beliebig oft nutzen, präsentieren, als Druckversion vervielfältigen sowie nach Ihren eigenen Vorstellungen überarbeiten zu können.

Das CD-Trainingskonzept beinhaltet: einen ausführlichen Trainerleitfaden, 8 Leitartikel, 22 Word-Vorlagen, 27 Handouts, PPT-Sheets, 51 Flipchart-Abbildungen sowie zahlreiche Illustrationsbeispiele.

▶ Weitere Infos: www.managerseminare.de/tb/tb-8017